Ruth Gall

Hab mich doch gern, Schwiegermutter

RUTH GALL

Hab mich doch gern, Schwiegermutter

GOLDMANN VERLAG

Originalausgabe

Umwelthinweis:
Dieses Buch und der Schutzumschlag wurden
auf chlorfrei gebleichtem Papier gedruckt.
Die Einschrumpffolie – zum Schutz vor Verschmutzung –
ist aus umweltfreundlicher und recyclingfähiger PE-Folie.

Der Goldmann Verlag
ist ein Unternehmen der Verlagsgruppe Bertelsmann

1. Auflage

Umschlaggestaltung: Design Team München
Satz: DTP br
Druck: Graphischer Großbetrieb Pößneck
Printed in Germany
ISBN 3-442-30720-1

Meinen Dank sagen möchte ich:

Meinem lieben Plagegeist, der mich oft bis an die Grenzen unser beider Belastbarkeit gefordert hat und mir viele Erkenntnisse ermöglichte;

Manuela mit den offenen Händen und dem offenen Herz für die treue Mitarbeit in der Gruppe sowie den unermüdlichen Einsatz, wenn es um das Wohl »unserer Frauen« geht, für ihre Freundschaft und Zuneigung;

den Schwiegertöchtern und Schwiegermüttern, die mir Mut gemacht und die mir ihr Vertrauen geschenkt haben;

meinem Ehemann dafür, daß er mich meinen Weg gehen läßt, seinen eigenen zielstrebig verfolgt und dabei nicht vergißt, mich immer an der Hand zu halten. Danke!

Auch meiner Lektorin Olivia Baerend möchte ich dafür danken, daß sie sich für meine Sache so engagiert hat. Für unsere Gespräche, die Anregungen und die Unterstützung vielen Dank!

Inhalt

Vorwort

Als ich im April 1995 den Entschluß faßte, die bundesweit erste Selbsthilfegruppe für Schwiegertöchter zu gründen, tat ich das zuerst nur, um meine eigene Hilflosigkeit und Betroffenheit zu bewältigen. Die Resonanz war überaus groß. Mehr als 1700 Schwiegertöchter und ca. 800 Schwiegermütter haben sich bis heute bei mir gemeldet. Nie vorher haben so viele Schwiegertöchter ihr Schweigen gebrochen, da der Mutterkonflikt ein großes Tabu in unserer Gesellschaft darstellt.

»Die will nur die Schwiegermütter schlechtmachen. – Ein Feindbild ›böse Schwiegermutter‹ soll da geschaffen werden. – Da sollen nur die jungen Frauen gegen ihre Schwiegermütter aufgehetzt werden.« Dies sind Sätze, die ich immer wieder zu hören bekomme. Warum nun habe ich dieses Buch geschrieben? Dieses Witzblatt-Klischee der bösen Schwiegermutter will ich ausräumen. Jedem soll klarwerden, daß hier nicht die Schwiegermutter schlechthin gemeint ist. Es geht einzig und allein um den Extremfall Schwiegermutter. Dem weitaus größeren Teil aus dem Personenkreis der Schwiegermütter soll die Einsicht vermittelt werden, daß sie hier nicht gemeint sind. Viele werden hier erkennen, daß sie nicht zu den von mir geschilderten Schwiegermüttern gehören und daß sie keinen Grund haben, sich von diesem Klischee der bösen Schwiegermutter angesprochen und diffamiert zu fühlen.

In Gesprächen und Briefen haben mir Schwiegertöchter anvertraut, was sie denken, fühlen, was sie bewegt und wie sich ihre Lebensumstände darstellen. Dies sehe ich als Verpflichtung an, umfassend und sachlich über ihre Leiden zu berichten. Verkannt, verleumdet und oft im ganzen Familienclan angefeindet, wurden diese jüngeren Frauen bisher in die Isolation gedrängt. Um Offenheit und dadurch auch gezielte Hilfe in dieser unglücklichen Konstellation zu erhalten, ist es notwendig, das Verhalten der »anderen Partei« aufzuzeigen. Es ist an der Zeit, die Karten auf den Tisch zu legen, um einen fruchtbaren Konsens zu schaffen. Anklagen möchte ich auf keinen Fall. Eine sachliche Schilderung und die Aufklärung der Sachlage aus Sicht der betroffenen Schwiegertöchter ist mir ein persönliches Anliegen, da bisher die jüngere Frau entweder als nicht glaubwürdig gilt oder sich schämt auszusprechen, daß eine Mutter ihrer Familie und ihr Schaden zufügt. Der »Mythos Mutter« stellte für ein sinnvolles Aufarbeiten bisher ein schier unüberwindliches Hindernis dar, sowohl für die Schwiegertöchter und Söhne als auch für politisch Verantwortliche – und nicht zuletzt auch für mich selbst. Ich will die Auswirkungen des Problemfalles auf den Sohn, die Schwiegertochter und die Enkelkinder aufzeigen.

Schwiegertöchter, die sich bei mir melden, kommen aus allen sozialen Schichten. Was uns alle verbindet, ist unsere Wertewelt vom ordentlichen Mädchen, das für Harmonie in der Familie geradezu haftbar gemacht wird bzw. sich selbst diesem Funktionsdruck aussetzt. Wir glauben fest daran, daß eine Mutter nie etwas Böses tun kann. Wir sind die »perfekte« Schwiegertochter und der festen Meinung, daß es geradezu unsere Pflicht ist, die Mutter unseres Partners voller Liebe anzunehmen und gänzlich in unsere neue Familie zu integrieren. So hat man es uns beigebracht und so ist es für uns selbstverständlich, auch wenn wir von Anfang an abgelehnt werden. Manche Schwiegertöchter haben selbst ein gestörtes Verhältnis zur eigenen Mutter oder durch einen frühen Tod die Mutter verloren. Sie sehnen sich daher geradezu nach einer Art Ersatzmutter. Hierin kann schon viel Konfliktpotential liegen: Wir sind nur allzu bereit, die Schwiegermutter sofort als Mutter anzuerkennen, aber auch von der Schwiegermutter dieses

Mutterverhalten zu erwarten. Der Konflikt ist bei dieser problematischen Konstellation schon vorprogrammiert.

Zu leicht werden bei dem Problemfall Schwiegermutter, um nur ja die eigentliche Verursacherin nicht nennen zu müssen, andere zu Schuldigen gemacht. So ist es zum Beispiel weit verbreitet, daß man die Söhne als die Schuldigen schlechthin bezeichnet, da sie sich nicht von ihrer Mutter lösen könnten. Diese These, zu sorglos angebracht und falsch interpretiert, bedeutet für so manche an sich harmonische Ehe das sichere Ende. Dabei könnten sowohl viele Partnerschaften erhalten werden als auch die Lebensqualität für das jüngere Ehepaar deutlich verbessert werden.

Wie keine andere habe ich mich in der Praxis mit dieser Thematik befaßt. Inzwischen ist die Betreuung und Beratung der Schwiegerkinder zu meinem Lebensinhalt geworden. Mit meinem Fachwissen werde ich informieren, allen Betroffenen Denkanstöße geben und Lösungswege aufzeigen. Jede Schwiegertochter ist in der Lage, sich selbst wiederaufzurichten! Für Ehepartner bieten sich Wege, um miteinander den Konflikt zu bewältigen. Wichtig ist nur, das Problem erst einmal zu erkennen.

Das Ziel muß sein, ganz offen über das Tabu Schwiegermutter zu reden, Anerkennung des Problemfalls zu erhalten und qualifizierte Hilfe auf diesem speziellen Gebiet zu bekommen. Niemand soll sich mehr schämen müssen, wenn es darum geht, den Schwiegermutterkonflikt mit Hilfe von Außenstehenden zu besprechen und zu bewältigen.

Begriffe wie Anstand und Ehre, Fürsorge und Verantwortung, die überzogen eingetrichtert und falsch interpretiert werden, machen den Konflikt erst möglich. Frauen wie ich fühlen sich dazu verpflichtet, all diese Werte peinlich genau einzuhalten und danach zu leben. Andere wiederum benützen genau diese Werte, um ihre egoistischen Ziele durchzusetzen. Ein vernünftiger Umgang damit, bei dem sich Freiwilligkeit und

Verpflichtung die Waage halten, würde viele der extremen Situationen erst gar nicht ermöglichen. Natürlich sind es für den Umgang untereinander notwendige Regeln. Haben wir es aber mit Fällen zu tun, bei denen nur eine Person bzw. die Personengruppe Sohn/Schwiegertochter in die Pflicht genommen wird, ist es unumgänglich, daß die ständig Gebenden und Pflichterfüllenden Schaden erleiden. Maßvoller Einsatz, und nicht exzessives nur für andere Dasein, ist die Grundvoraussetzung dafür, daß sich niemand total verausgabt und erschöpft.

Nochmals, was ich nie wollte und auch in Zukunft nicht will, ist, das Feindbild »böse Schwiegermutter« auszubauen. Es liegt nicht in meiner Absicht, jemanden zu denunzieren. Deshalb wurden sämtliche Namen der Betroffenen von mir geändert. Auch habe ich Details soweit verändert, daß zwar die Fakten der Vorkommnisse identisch geblieben sind, aber keinerlei Rückschlüsse auf die betreffenden Schwiegertöchter mehr möglich sind. Außerdem verwende ich nur solche Geschichten als Beispiele, die mir mehrere Schwiegertöchter in vom Inhalt ähnlicher Form erzählt haben. Es ist mir wichtig, keine Einzelfälle vorzuführen, sondern Tendenzen aufzuzeigen, die eine Vielzahl von Frauen betreffen.

Wie kam ich zur Selbsthilfe?

Noch vor ein paar Jahren, wenn unter Arbeitskolleginnen oder im Bekanntenkreis über die Schwiegermutter geschimpft wurde, stand ich meist daneben und habe die Nase gerümpft. »Die können doch froh sein, daß ihr Mann noch eine Mutter hat. So schlimm ist es doch wirklich nicht, auf einen älteren Menschen Rücksicht zu nehmen«, habe ich dabei gedacht. Da ich meine eigene Mutter mit zwölf Jahren verlor, empfand ich es als etwas ganz Besonderes, wenn jemand, zumal schon erwachsen, noch eine Mutter hatte. Meiner Sehnsucht und dem Gefühl nach, mit dem ich meine Mutter vermißte, mußte es wunderbar sein, eine Mutter zu haben. Eine Mutter bedeutete für mich Liebe, Trost, Anerkennung, Güte, Verständnis und Geborgenheit.

Diese Verklärung des Mutterbildes habe ich heute nicht mehr. Inzwischen weiß ich, daß eine Mutter ein ganz normaler Mensch mit guten und mit schlechten Seiten ist. Mir wurde nur zu bewußt, daß auch eine Mutter lügt, stiehlt und betrügt. Sicher werden jetzt einige denken: »Was für eine Binsenweisheit«. Gerade diese Erkenntnis aber war es, die mich unendlich viel Kraft und auch Mut gekostet hat. Zu erkennen, wie einseitig verzerrt mein Mutterbild war und wie grausam die Wirklichkeit dagegen sein kann, hat mich verwirrt und tief bestürzt. Weder meine Sichtweise noch die Wertewelt, in der ich bisher gelebt hatte, hatten es mir ermöglicht, auch nur im entferntesten einen »Problemfall Mutter« zu erkennen und wahrhaben zu wollen.

Besonders schwer war es in diesem Zusammenhang, klar und deutlich zu sehen, daß mich die ganze Art, wie ich bisher nach Werten gelebt hatte, beinahe erdrückt hätte. Unter Begriffen wie Achtung und Ehre, Harmonie und Bravsein, Demut und Gehorsam, Respekt und Anstand wäre ich beinahe zerbrochen. Von Kopf bis Fuß in moralische Fesseln gelegt, blieb mir anfangs keine Chance zur Vorsorge oder gar Gegenwehr. Blind auf das vertrauend, was mir schon als Kind an Verhaltensmustern mitgegeben wurde, war ich einfach unfähig, sachlich und mit Vernunft und ohne die »Mütterleinverklärtheit« an eine Mutter heranzutreten: Ich war prädestiniert dafür, eine willige Schwiegertochter zu sein.

Als die ersten Anzeichen für Schwierigkeiten im Umgang mit der Schwiegermutter deutlich wurden, war es selbstverständlich, daß ich mir die Schuld daran gab. Trotz wohlgefälligen Verhaltens, trotz Anerkennung und Beachtung sämtlicher braver Umfangsformen – auf einmal hatte *ich* ein Mutterproblem. In nichts wurde ich der Schwiegermutter gerecht, ich konnte nicht gewinnen. Je mehr ich allerdings versuchte, mein Verhalten an die Erwartungen anzupassen, desto mehr beschlich mich das Gefühl, daß ich irgendwie gar nicht in der Lage war, mich so anzupassen, daß es keine Ablehnung mehr geben würde. Ich saß in der Falle. Trotzdem habe ich mich zu dem Zeitpunkt, als ich schier an der Situation zu zerbrechen drohte, geweigert, ein Fehlverhalten seitens der Schwiegermutter einzugestehen. Als ich dann aber allmählich begriff, konnte ich mich mit der Antwort: »Du hast halt eine von den in Witzen dargestellten ›bösen Schwiegermüttern‹ bekommen«, in keinem Fall zufriedengeben. Zu quälend war das Warum – Wieso – und Weshalb: ich, der Ehemann, warum diese Schwiegermutter, weshalb verhielt sie sich so? Für mich wurde es geradezu lebensnotwendig, Wege und befriedigende Antworten zu finden. In zahlreichen Gesprächen mit Sozialpädagogen und Psychologen, mit anderen Betroffenen und durch Bücher und Recherchen gelang es mir, dieses quälende Warum-Wieso-Weshalb zu klären. Hier ist mein Weg in die größte und aus der größten Krise meines Lebens:

Die Schmerzgrenze ist überschritten

Da saß ich nun und starrte schon seit zwei Stunden in den Garten. Was ich sah, nahm ich nicht wahr. Nur diese innere Unruhe, diesen Schmerz in der Brust! In meinem Kopf drehte sich alles nur um die Fragen »Warum, wieso, und was war mit mir los?« Etwas war geschehen, das mir die Freude am Leben nahm, das mich wie gelähmt hier sitzen ließ. Ein erdrückendes Gefühl der Niederlage, der grenzenlosen Demütigung, des »Nichts-wert-Seins« erfüllte mich.

Dabei ist mir schon immer bewußt gewesen, daß ich nicht gerade fehlerfrei bin. Doch wer ist das schon? Meine Schwächen sind mir gut vertraut, ebenso auch meine Stärken. Manch Schwaches konnte ich mildern, manche Stärke konnte ich ausbauen. Der Zusammenhalt innerhalb der Familie hatte für mich jedoch zu jeder Zeit höchste Priorität.

Vom ersten Tag des Kennenlernens an war die Mutter des Partners deshalb für mich etwas ganz Besonderes. Sie war eben eine Mutter! Sie gehörte sofort selbstverständlich zu meinem Leben. Für mich war es keine Frage, daß sie an unserem Leben aktiv teilnahm. Durch den frühen Tod meiner eigenen Mutter hatte der Personenkreis »Mutter« immer eine besondere Bedeutung für mich gehabt. Wieviel Wehmut hatte ich oft gespürt, wenn ich mich nach dem Beistand meiner Mutter gesehnt hatte. In meinem Bekannten- und Freundeskreis erlebte ich des öfteren mit, wie schön und harmonisch der Umgang mit der Mutter sein konnte. Wie glücklich war ich deshalb, eine Mutter angeheiratet zu haben.

Von Anfang an bestand für mich kein Zweifel, daß ich für diese Partnermutter all meine Liebe, Zuwendung und Loyalität geben würde. Mehr noch, es war für mich eine freiwillige Verpflichtung und Selbstverständlichkeit, ihr all meine Zuneigung entgegenzubringen. Voller Anerkennung und Dankbarkeit nahm Mutter meine angebotene Fürsorge und Freundlichkeit dann auch auf. Mehr und mehr bekam ich dadurch die vermeintliche Gewißheit, daß ich für sie eine genauso wertvolle Bereicherung darstellte, wie sie sie für mein Leben geworden war.

Wir unternahmen gemeinsame Ausflüge, fuhren mit dem Auto mit ihr zum Einkaufen, luden sie zum Essen ein. Jedes Wochenende verbrachten wir einen Tag mit Mutter. Bis in den Abend hinein habe ich sie bekocht, bemuttert und war ihr eine aufmerksame Zuhörerin. Auf manchen für sie unangenehmen Wegen habe ich sie begleitet, so manche Unannehmlichkeit aus dem Weg geräumt. Kurz, sie hatte einen festen Platz in unserem Leben, war stets willkommen, und es bereitete mir eine große Freude, daß wir uns vermeintlich näherkamen und freundschaftlich vertraut miteinander umgingen. Mit dieser Entwicklung war ich soweit ganz zufrieden. Bis ... ja, bis mich Leute darauf angesprochen haben, wie gräßlich ich aussehe, wie schlecht ich koche, daß ich nur aus Geldgier geheiratet habe, wie furchtbar ich die Mutter meines Partners behandle usw. ... Langsam wachte ich auf ...

Zuerst habe ich dem ganzen Gerede nicht sehr viel Beachtung geschenkt. Ich dachte zu Anfang doch eher daran, daß irgendwelche Neider nicht ertragen konnten, daß es der Schwiegermutter gutging und wir uns liebevoll um sie bemühten. Dieser Verdacht lag mit darin begründet, daß ich von Schwiegermutter viele unschöne Geschichten über das Benehmen von Familienmitgliedern gehört hatte. So waren meine Überlegungen zu Beginn: »Von nun an wird es ihr ein wenig bessergehen, denn bei mir kann ihr das nicht passieren.« Schließlich bin ich immer gut mit älteren Menschen ausgekommen, habe Respekt und Achtung vor dem Alter, bin mütterlich und zeige gerne, wenn ich jemanden mag. Ganz glücklich war ich, daß ich dieser alten Dame durch meine Art, sie zu akzeptieren und in unser Leben zu integrieren, das geben konnte, was sie bisher anscheinend so sehr vermißt hatte. »Meine liebe

Ruth, ich bin so froh, daß ich dich habe«, pflegte sie zu sagen, und ich war selig.

Als sich die Klagen verstärkten, tat ich genau das, was man naturgemäß immer macht – ich suchte die Schuld vor allem bei mir. Voller Verzweiflung weigerte ich mich zuzugeben, daß dieses Gerede von Mutter ausging, und selbst wenn, dann gab es nur eine Möglichkeit – die Schuld lag bei mir! An meinem Verhalten mußte etwas grundlegend falsch sein. Warum sonst hatte sie den Eindruck, ich würde sie bevormunden? War ich so ablehnend, daß sie sich nicht traute, ihre Kritik an mich persönlich heranzutragen? Noch mehr als vorher versuchte ich, auf sie einzugehen und ihr zu zeigen, wie wichtig sie für mich ist. Es folgten noch mehr Einladungen zum Essen und zu Ausflügen, zum Einkaufen und zur Zerstreuung. Da wir uns immer gut unterhielten und uns im besten Einvernehmen trennten, nahm ich an, akzeptiert und gemocht zu werden. Bestimmt brauchte sie nur etwas Zeit, sich an mich zu gewöhnen. Mit der Zeit würde sie sehen, daß ich zu ihr stehe und sie nicht enttäusche. Dann würden diese kleinen Unaufrichtigkeiten schon aufhören, dachte ich. Weit gefehlt! In den Geschichten, die ich über mich zu hören bekam, wurde ich in meinem Verhalten immer gräßlicher. Auf einmal wurde von mir erzählt, angeblich Dinge getan zu haben, die mir mein ganzes Leben vorher zuwider waren.

Wie im Schock nahm ich jede neuerliche Behauptung wahr. Mir gelang es nicht, mit jemandem zu sprechen. Mein Hals war wie zugeschnürt. Über manche Vorkommnisse konnte ich erst ein halbes Jahr später reden, so tief war ich getroffen. Die roten Bäckchen und der gelöste Gesichtsausdruck nach einem Tag bei uns – »Danke, danke, danke« –, war das alles nur Einbildung? Dieses Verhalten war mir unerklärlich. Was hatte ich bloß falsch gemacht? Was konnte ich noch versuchen, um meiner Schwiegermutter alles rechtzumachen? Was an meinem Verhalten mußte ich ändern, um ihre Erwartungen zu erfüllen?

Trieb sie vielleicht ein falsches Spiel? Nein, das konnte nicht sein, das durfte nicht sein! Sie war doch eine Mutter! Diese sich ständig in meinem Kopf wälzenden Fragen und die Angst vor jeder neuen Konfrontation (die immer nur hinter meinem Rücken stattgefunden hat), haben mich in eine tiefe Krise gestürzt. Lange hatte ich alles geschluckt und meinem Mann meine Probleme verschwiegen. Krampfhaft suchte ich nach meiner Schuld. War ich denn so unfähig, für Harmonie zu sorgen? Was lief so entsetzlich schief?

Auf einmal war es mir nicht mehr möglich, stillzuhalten. Meine Seele war durcheinander und tief verletzt. Ich kam weder bei Tag noch bei Nacht zur Ruhe. Langsam wurde mir schon am Morgen mein Tag zuviel und ich war unfähig, etwas zu tun. Hatte ich bis dahin meine Hausarbeit mit Freude erledigt, so erschien mir jetzt eine schmutzige Tasse schon als unlösbares Problem. Mein Selbstvertrauen war auf dem Nullpunkt. Die innere Unruhe steigerte sich zu massiven Herzbeschwerden. Abends fand ich keine Ruhe, einzuschlafen. Stundenlang saß ich grübelnd in der Wohnung. Geplagt von den schrecklichsten Alpträumen, erwachte ich mitten in der Nacht. Dabei war ich im Zustand äußerster Erregung. Herzrasen und Schweißausbrüche jede Nacht wurden für mich Normalität.

Im Laufe der Wochen und Monate wurde das Gefühl, innerlich zu zerbersten, so schmerzhaft und unerträglich, daß ich mich entschloß, einen Arzt aufzusuchen. Im Sprechzimmer war es mir sehr peinlich, den Grund meiner Beschwerden anzugeben. *»Herr Doktor, ich schäme mich furchtbar, aber ich habe solche Probleme mit meiner Schwiegermutter, daß ich beinahe durchdrehe!«* Es hat mich meine ganze Überwindung gekostet, diesen Satz auszusprechen. Der Arzt lachte mich an und sagte mir, ich brauche mich nicht zu schämen, dieses Problem sei weit verbreitet. Damit ich vorläufig etwas Ruhe finden sollte, verschrieb er mir ein leichtes Beruhigungsmittel. Anfangs klappte es auch ganz gut damit, und ich holte etwas

Schlaf und Ruhe nach. Schnell besorgte ich mir ein zweites Päckchen der Tabletten. Als ich damit nach Hause kam, setzte ich mich zuerst einmal wieder in Grübelposition. Die Packung mit den Pillen drehte ich eine Zeitlang gedankenverloren in meiner Hand. Plötzlich hatte ich das Gefühl, dieses kleine Schächtelchen wiege zentnerschwer. Als hätte ich heiße Kohlen in die Hand genommen, ließ ich die Tablettenschachtel fallen, und gleichzeitig wurde ich furchtbar wütend. *»Das geht zu weit! Nur weil eine andere Person sehr übel mit dir umgeht, brauchst du dich doch nicht mit irgendwelchen Tabletten vergiften!«* schrie es in mir. Nein! Diese Pillen, so wurde mir überdeutlich, sind nicht mein Weg! Das Problem liegt nicht bei mir!

Es mußte etwas geschehen, denn mir war klar, daß ich ohne Hilfe jämmerlich zugrunde gehen würde. In meiner Verzweiflung rief ich bei der Telefonseelsorge an. Ein älterer Herr nahm das Gespräch entgegen. »Also«, begann ich zu stammeln, »ich weiß nicht mehr, was ich noch machen soll, daß die Schwiegermutter mit mir zufrieden ist. Es ist doch unmöglich, daß sie abfällig von mir spricht und unzufrieden ist, wenn ich nicht Anlaß zur Klage gegeben habe.« Zuerst hat mich der nette Herr gefragt, wie alt denn Schwiegermutter sei und was sie denn so an mir bemäkeln würde. Als ich ihm eine der Geschichten erzählt hatte, sagte er zu mir: »Wissen Sie, Sie sollten endlich aufhören, für diese Frau Entschuldigungen zu suchen. Sie ist noch nicht so alt, daß Senilität als Ursache der Bosheiten unterstellt werden könnte. Mädchen, ich sage Ihnen eines: Was da hinter Ihrem Rücken getratscht wird, ist wirklich böse.« Er gab mir im weiteren Verlauf des Gespräches Auskunft über Beratungsstellen, die Ehe- oder Familientherapien anbieten. Zum ersten Mal nahm jemand mein Problem ernst und bemühte sich, konkrete Hilfe zu leisten.

Nach einigen Irrwegen – teilweise wurde ich wie ein Weltwunder behandelt, da ich so direkt mein Problem ansprach – fand ich endlich einen Therapieplatz und begann bald darauf mit der Bewältigung meiner Probleme. Im Rahmen der Therapiesitzungen habe ich es wenigstens geschafft, wieder etwas Boden unter die Füße zu bekommen. Es war ungeheuer wichtig für mich, eine Bestätigung zu erhalten, daß das, was mir geschehen war, von mir nicht akzeptiert oder toleriert werden muß. Was Recht und was Unrecht ist, was normal und was unnormal ist, konnte ich schon lange nicht mehr unterscheiden. Zum ersten Mal bekam ich »offiziell« bestätigt, was ich mir schon viele Monate ganz im geheimen gedacht hatte: Das Verhalten der Mutter meines Partners ging entschieden zu weit. Auch als Jüngere hatte ich das Recht, »nein« zu sagen zu Verleumdung, Rufmord, zu Intrigen und Ränkespielen.

Was mir an der Therapie nicht so gut gefiel, war die Tatsache, daß ich fünfundvierzig Minuten darüber erzählen mußte, was diese Schwiegermutter wann, wo und wie gemacht hatte, und mein Innerstes, meine Gefühle, nur fünf Minuten zur Sprache kamen. Dabei hatte ich immer ein schlechtes Gewissen, von der Älteren zu erzählen. Schließlich war mir ja beigebracht worden, daß man nicht schlecht über andere reden darf, schon gar nicht über Ältere, noch schlimmer gar über eine Mutter. Dieser Zustand des Erzählen-Müssens und das ungute Gefühl beim Erzählen waren irgendwie unbefriedigend. So ging ich nach jeder Sitzung zwar einerseits etwas erleichtert, andererseits aber mit schlechtem Gewissen nach Hause.

Zwar fand ich den Mut, zuzugeben, daß ich nicht schuld an dem Konflikt war, sondern daß eindeutig ein Fehlverhalten der Schwiegermutter vorlag. Auch habe ich es geschafft – zwar zunächst etwas halbherzig – mich innerlich vom Verhalten dieser Frau zu distanzieren. Es gelang mir während der Therapie aber nicht, mein inneres Gleichgewicht wiederherzustellen. Zu dieser Zeit setzte sich bei mir der Gedanke fest, ich müßte mich mit Frauen, die Ähnliches erlebt haben, viel effektiver austauschen können. Ich war zwar überzeugt, mit meinen intensiven Gefühlen eher eine Exotin zu sein, doch hoffte ich darauf, zwei oder drei Betroffene zu finden, die genauso sensibel reagierten wie ich. Diese Idee war zwar in meinem Kopf und im Bauch übermächtig, doch hatte ich keinen Antrieb, irgend etwas anzufangen, und so blieb ich fürs erste weiterhin passiv – das betraf auch die Therapie.

Nach dem Satz »Sie haben zuviel Verantwortung übernommen und müssen diese an Ihren Mann zurückgeben« habe ich die Therapie abgebrochen. Wie eine geprügelte Katze schlich ich nach Hause! Was half mir das neu gewonnene Bewußtsein, daß mir übel mitgespielt wurde? Was nutzte es mir, zu wissen, daß ich das Verhalten der Schwiegermutter nicht akzeptieren muß? Verdammt noch mal, wie sollten mein Mann und ich denn unseren Problemfall in den Griff bekommen? Damit, daß ich alles auf meinen Mann abschob, war noch lange keine Lösung geschaffen. Wieder verfiel ich in eine tiefe Lethargie. Mir schien, daß ich mich im Inneren einer Kugel befand und sich alles, egal was immer ich auch versuchte, wieder und wieder im Kreis drehte. Es war mir unmöglich, den kleinsten Riß in dieser Kugel zu finden, durch den ich hätte herausschlüpfen können.

Den Kontakt zur Schwiegermutter hatte ich vorläufig abgebrochen. Ich konnte ihr falsches Getue, die Süße in der Stimme nicht mehr ertragen. Dennoch war ich nahe am totalen Nervenzusammenbruch. Es wollte mir einfach nicht gelingen, wieder eine gewisse innere Ruhe zu finden. Tag und Nacht stand ich wie unter Hochspannung, die aber gleichzeitig jede Aktivität lähmte. Von Freunden, Bekannten und meiner Familie zog ich mich mehr und mehr zurück. Wußte ich doch nur zu genau, daß ich jede weitere Enttäuschung nicht mehr verkraften konnte. An manchen Tagen spielte ich mit dem Gedanken, mich unter einen Zug zu werfen, nur um endlich Ruhe zu haben.

Mit meinem Mann habe ich angefangen, buchstäblich Streit zu suchen. Deshalb wurde er von mir wegen jeder Kleinigkeit angeschnauzt. Unsere Alltagsprobleme wurden zum Nebenschauplatz meines Dilemmas mit der Schwiegermutter. Wäre eine Zerrüttung der Ehe nicht auch eine Möglichkeit, mich aus der Affäre zu stehlen, ohne die Schwiegermutter direkt anzugreifen? Ja, ich habe in meiner Verzweiflung wirklich und ernsthaft versucht, meine Ehe kaputtzumachen, nur um aus dem Umfeld dieser Frau zu kommen. Immer öfter hatte ich das Gefühl, auf einem schmalen Grad am Rande des Wahnsinns zu gehen. Mein gepeinigter Verstand würde sich eines Tages einfach ausklinken, dessen war ich mir sicher. Ich war am Ende.

Dieser Zustand hielt an, bis am Morgen des 20. April 1995 das Telefon klingelte. Zitternd nahm ich den Hörer ab. Die Angst, was wieder sein könnte, wenn es läutete, beherrschte mich auch diesmal. Eine mir unbekannte ältere Dame meldete sich: *»Sie Miststück! Wenn sich Ihre Schwiegermutter umbringt oder einen Herzinfarkt bekommt, sind Sie ihre Mörderin. Und wir alle wissen das!«* Mir blieb zunächst die Luft weg. Nach diesem unsinnigen Vorwurf war meine Schmerzgrenze eindeutig überschritten. Jetzt mußte ich handeln!

Die Suche nach Gleichgesinnten

Aus meiner Idee, andere Schwiegertöchter zum Erfahrungsaustausch zu finden, war schlagartig ein Zwang geworden. Neben dem Telefon lag eine Tageszeitung. Ein Anruf bei der Redaktion konnte nicht schaden. Vielleicht würden die Zeitungsleute mir Auskunft geben, wie ich möglichst schnell an Interessentinnen kommen konnte. So rief ich in der Lokalredaktion der »Augsburger Allgemeinen« an. Die Dame am Telefon sagte zu mir: *»Das Problem mit den Schwiegermüttern ist nicht neu, und ich glaube kaum, daß sich jemand bei uns dafür interessiert. Geben Sie mir dennoch mal Ihre Telefonnummer. Sollte Interesse bestehen, werden wir Sie zurückru-*

fen.« Das war wohl nichts. Aber ich mußte unbedingt Frauen finden, mit denen ich reden konnte. Am nächsten Morgen fiel mein Blick auf einen Artikel mit der Überschrift »Probleme mit dem Schwieger-Tiger«. Na so was, dachte ich mir, gestern sagt die Dame, kein Interesse, und heute schreiben sie darüber in der Zeitung. Gespannt las ich den ironisch abgefaßten Bericht, bis ich zur Kontakttelefonnummer der »Selbsthilfegruppe Schwiegertöchter« kam. In fetten Ziffern stand da meine private Telefonnummer! Vor lauter Schreck wäre ich beinahe vom Stuhl gefallen.

Da dieser Artikel entscheidend zur weiteren Entwicklung beigetragen hat, möchte ich ihn Ihnen nicht vorenthalten. So stand am 21. 04. 95 in der »Augsburger Allgemeinen«:

Probleme mit dem Schwieger-Tiger

Wo sich mehr als zwei Deutsche auf einem Fleck versammeln, so sagte man schon vor einiger Zeit, gründen sie bald einen Verein. Das ist natürlich ein Vorurteil, dem hier entschieden widersprochen werden soll. Richtig ist: Mehr als drei Deutsche auf einem Fleck gründen eine Selbsthilfegruppe.

Das Angebot ist da schon ziemlich reichlich, vor allem in den Großstädten. Ein paar Themen fehlen aber noch immer im Supermarkt der Betroffenheit. Eine Selbsthilfegruppe für BesitzerInnen von neurotischen Katzen soll (in Berlin angeblich) schon existieren. Was uns fehlt, sind Gruppentreffen von Betroffenen mit Allergien gegen gestreifte Angorapullis oder eine Selbsthilfegruppe von Leuten mit einer Aversion gegen Selbsthilfegruppen ...

Neu auf den Markt kommen soll nun eine Gruppe für »Probleme mit der Schwiegermutter«. Wem also die Sprüche des Ehegatten (»Mutti hat die Rouladen aber immer anders zubereitet/die Hemden anders gebügelt/das Bad anders geputzt«) auf den Geist gehen, wer seine Kinder erziehen will, wie er/sie will, wer den Karrierewünschen des Schwieger-Tigers doch nicht so ganz gerecht wird, kann sich nun mit ähnlich Schicksalsgeschlagenen

treffen. Ganz im Ernst: Die Selbsthilfegruppe »Problem mit der Schwiegermutter« ist in Gründung, Informationen zum Thema gibt es unter Tel.: (...).
Ob bald auch das Imperium der Schwiegermütter mit einer eigenen Gruppe zurückschlägt, ist – noch – offen. Möglich wär's. Immerhin klafft in diesem Bereich noch eine Marktlücke.

»Wenn jetzt jemand anruft, sagst du einfach, es habe sich einer einen Scherz mit dir erlaubt«, war das einzige, was ich in dem Moment denken konnte. Prompt klingelte das Telefon. Vorsichtig meldete ich mich mit: *»Ja bitte?« – »Mein Gott, tut das gut, daß endlich jemand was macht. Wann kann ich in die Gruppe kommen? Danke, daß Sie soviel Mut haben und das Problem aufgreifen. Seit 25 Jahren leide ich unter meiner Schwiegermutter.«*

Nachdem ich solche Worte gehört hatte, brachte ich es nicht mehr fertig, meine Beteiligung zu leugnen. So kam es, daß sich am ersten Tag bereits 4 Frauen für ein Gruppentreffen angemeldet hatten. Meine anfänglichen Befürchtungen, daß viele Scherzbolde oder gar rabiate Schwiegermütter anrufen würden, haben sich nicht bestätigt. Zwar waren unter den Anrufern auch Schwiegermütter. Diese wollten in der Hauptsache wissen, ob's mal wieder auf das Klischee von der bösen Schwiegermutter hinausgeht. Nach meiner Erklärung, daß meine Aktivitäten sich nicht gegen die Schwiegermütter richten, sondern für Schwiegertöchter Hilfe bringen sollen, hatte ich zahlreiche anregende Gespräche und erfuhr viel Zustimmung.

Die Lawine rollt

Bei meiner Heimatzeitung, der »Augsburger Allgemeinen«, war das Bedauern groß, daß sie irrtümlich meine private Telefonnummer veröffentlicht hatten. Als kleine Wiedergutmachung wurde ich in die Redaktion eingeladen und bekam die Gelegenheit, dem verantwortlichen Redakteur mein Anliegen zu schildern. Im Gespräch Schwiegertochter – Journalist konnte ich von meiner Motivation zur Gründung der ersten deutschen Selbsthilfegruppe für Schwiegertöchter erzählen. Mir war es am wichtigsten, bei diesem Gespräch klarzustellen, daß ich keinen Feldzug gegen Schwiegermütter führen wollte, sondern daß es mir darum ging, betroffenen Schwiegertöchtern zu helfen. Nachdem die Anrufe, die auf den ersten Artikel bei mir eingegangen waren, durchaus im erträglichen Rahmen geblieben waren, hatte ich keinerlei Bedenken, meine Telefonnummer zur Kontaktaufnahme für die Leserinnen anzugeben. Wie konnte ich auch nur im entferntesten ahnen, daß eben dieser Artikel mein Leben grundlegend verändern würde?

Augsburger Allgemeine vom 04. 05. 95:

Problemfall Schwiegermutter

Selbsthilfegruppe soll Wege aus dem alltäglichen Familienzwist aufzeigen

Probleme mit der Schwiegermutter – was Humoristen Stoff für Sketche und Stammtischen Anlaß zu Witzen gibt, ist den Betroffenen, den Schwiegertöchtern, oft mehr als nur ernst. In Augsburg gründete sich jetzt eine Selbsthilfegruppe der Schwiegertöchter, um Auswege aus der alltäglichen Verzweiflung an familiären Problemen zu suchen.

Dorothea S. (der Name wurde von der Redaktion geändert, weil die Betroffenen anonym bleiben wollen) hatte mit dem »Problem

Schwiegermutter« zu kämpfen. Ärger mit der »ersten Frau im Leben ihres Mannes« legte sie zunächst zur Seite – »irgendwann wird alles schon besser werden«, dachte sie. Frustration und Ängste fraß sie in sich hinein, und irgendwann kamen »die Aggressionen«, die sie gleich wieder unterdrückte.

Das Ende vom Lied waren schließlich psychosomatische Beschwerden und Schlafstörungen, die Dorothea S. einen Hausarzt aufsuchen ließen. Der bezeichnete das Problem als »altbekannt« – ohne das Schwiegermutter-Problem wäre seine Praxis leerer, sagte er – und verschrieb Beruhigungsmittel. Die Betroffene wollte dieses Spiel nicht mitmachen und wandte sich an psychologische Beratungsstellen. »Aber da mußte ich immer nur über meine Schwiegermutter und die Probleme mit ihr reden. Das wollte ich gar nicht, ich wollte über meine eigenen Empfindungen reden«, sagte sie. Und weil sie immer wieder hörte, daß sie nicht allein mit ihrem Problem sei, reifte eine Idee: Eine Selbsthilfegruppe für Schwiegertöchter sollte ins Leben gerufen werden.

Der Erfolg gab Dorothea S. recht: Auf eine kurze Ankündigung in der AZ meldeten sich örtliche und überregionale Rundfunkanstalten – und rund 60 Betroffene. Allen ist eines gemeinsam: Sie kommen mit der »Schwie« nicht zurecht. Die Folgen reichen von familiärem Zwist über Scheidung bis hin zu Alkoholismus und Tablettensucht. In diesen Tagen treffen sich die Betroffenen erstmals, eine Pfarrei hat Räume für das Gruppentreffen zur Verfügung gestellt.

Keine Schuldzuweisungen

Es sollte nicht etwa eine »Anklage« gegen die Schwiegermütter im Vordergrund stehen: »Keine Schuldzuweisungen, keine Meckerstunde« lautet einer der Merksätze der Selbsthilfegruppe. »Wichtig ist, was wir selber fühlen, was mit uns passiert, wie wir Wege aus unserer Situation heraus finden«, sagte Dorothea S. Die 40jährige hat inzwischen Abstand zur Schwiegermutter genommen. Es ist ihr auch klar, daß vermutlich der größte Teil der Schwiegermütter nette Menschen sind, die in Harmonie mit ihren Angehörigen leben, daß es auch Schwiegermütter gibt, die von den angeheirateten »Töchtern« terrorisiert werden, und daß auch Männer mit dem »Schwieger-Tiger« nicht zurechtkommen, sprich: die gleichen Probleme haben.

Ehemänner einbeziehen

Und darüber soll offen geredet werden. Man will Paare einladen, die ihre Schwierigkeiten mit der Schwiegermutter gemeistert haben. Die Erfahrung: »Viele haben zunächst Hemmungen, mit dem Ehepartner über die Probleme zu sprechen. Sie fürchten, daß der Partner sich auf die Seite seiner Mutter schlägt.« Was im übrigen nicht oft der Fall sei: »Die meisten Männer halten zu ihren Frauen.« Auch ein Info-Tag mit den Ehemännern soll deshalb zum Programm der Selbsthilfegruppe zählen, denn: »Viele Männer wissen gar nicht, wie schwer sich ihre Frauen tun.« Daneben sollen auch Fachleute zu Wort kommen: Therapeuten, Seelsorger und Ärzte.

Wer sich für die Selbsthilfegruppe interessiert, kann Kontakt unter der Telefonnummer (...) aufnehmen.

Dieser Artikel erregte die Aufmerksamkeit eines Journalisten, der für eine Nachrichtenagentur arbeitet. Er verschickte den Artikel an interessierte Medien in ganz Deutschland. Im Mai 1995 kam ich gegen Mittag von zwei Terminen bei den Frauenbeauftragten von Augsburg Stadt und Augsburg Land zurück. Da mir Hilfe und Anerkennung meines Anliegens zuteil geworden waren, war ich sehr zufrieden. Zu Hause angekommen, hörte ich schon vor der Tür unablässig das Telefon klingeln. Radio FFN, Südwestfunk, Süddeutscher Rundfunk, NDR, MDR, WDR, der Sender Freies Berlin waren nur einige der Anrufer an diesem Tag. Kaum hatte ich den Hörer aufgelegt, läutete es wieder. Tageszeitungen, Fernsehanstalten und Radiosender aus dem ganzen Bundesgebiet wollten über meine Initiative Näheres erfahren. Für mich begann eine bisher nie gekannte Hektik zwischen Live-Interviews fürs Radio, Anfragen der Presse und Recherchen von Fernsehsendern. Am nächsten Tag berichteten viele Tageszeitungen über die Problematik, und es wechselten sich Anrufe von betroffenen Schwiegertöchtern und Journalisten ab.

Aus Angst vor dem, was da auf mich zukam, habe ich mich anfangs nicht getraut, meinen vollen Namen zu nennen. Überall war ich nur als Ruth G. bekannt. Mit Reportern oder Fernsehteams traf ich mich nur außerhalb meiner Wohnung. Viele wußten auch nach einem Interview nicht, wer ich war und wo ich wohnte. Wie ein Verschwörer vereinbarte ich Treffpunkte in Lokalen oder an der Autobahnraststätte. Zu groß war meine Furcht, daß etwas Schlimmes passieren könnte oder daß meine ganze Intimsphäre an die Öffentlichkeit gezerrt werden würde. Vor meinem geistigen Auge sah ich Schwiegermütter mit Plakaten vor dem Haus, in dem ich wohne, demonstrieren. Für mich als eher unscheinbare und unauffällige Hausfrau war das eine aufregende Zeit.

Meine anfänglichen Bedenken, vielleicht nicht mal zwei, drei Frauen zum Reden zu finden, lösten sich im Klingeln des Telefons auf. Bis heute haben sich über 1500 Schwiegertöchter und ca. 750 Schwiegermütter telefonisch und schriftlich um Rat und Hilfe an mich gewandt. Jede der Lebens- und Leidensgeschichten, die manche der Frauen zum ersten Mal seit 20 oder 30 Jahren erzählt hat, bestärkte mich mehr in meiner Überzeugung, daß hier ein dringender Handlungsbedarf vorliegt. Das Tabu »Konfliktschwiegermutter« gilt es zu brechen. Dieses belächelnde Abtun der Problematik oder das Unverständnis muß aufhören. Mein Ziel ist es nicht, Schuldige zu deklarieren, sondern die Anerkennung der Schwiegertöchter als Betroffene zu erreichen.

Darum ist es mir ein Herzensbedürfnis geworden, immer

wiederkehrende Leidensgeschichten zu erzählen und über Zusammenhänge aufzuklären. Meinen eigenen Weg des Verstehenlernens, der Be- und Verarbeitung und der Möglichkeiten zur Selbsthilfe werde ich dokumentieren, damit anderen Betroffenen deutlich wird, daß sie nicht allein vor diesem Problem stehen. Mir ist es wichtig, klarzustellen, daß jede Betroffene in der Lage ist, aus dem »Dramadreieck« auszusteigen – sofern sie es selber möchte.

Das trifft doch nur naive Dummchen

Wie muß man sich die Schwiegertöchter vorstellen, die sich bei mir melden? Vom Alter her sind es Frauen zwischen 15 und 88 Jahren. Wobei es bei den jungen Mädchen in erster Linie um die Prävention geht. Sie erkundigen sich bei mir, wie sie es vermeiden können, mit einer »bösen Schwiegermutter« Schiffbruch zu erleiden. Einige rufen auch an, um sich für ihre Mutter, die in einer Schwiegermutterkrise lebt, Rat zu holen. Die Seniorinnen, die sich an mich wenden, tun dies meist aus zwei Gründen: Zum einen geben sie an, noch immer unter den Auswirkungen des jahrelangen Konfliktes zu leiden, obwohl die Schwiegermutter schon vor Jahren (bis 12 J.) gestorben ist. Zum anderen wollen sie durch ihr Schicksal aufmerksam machen und die jüngeren Schwiegertöchter bei der Bewältigung ihrer Probleme unterstützen und stärken.

Häufig werde ich bei Gesprächen gefragt: »*Was sind das eigentlich für Frauen, denen so was passiert? Wer unterzieht sich jahrelang solchen Torturen?*« Die anfängliche Meinung vieler meiner Gesprächspartner geht eher dahin, daß wir naiv und einfältig sind. Viele sehen uns auf der Schiene des biederen, treuherzigen und naiven Weibchens.

Schon allein mit Sicht auf meine Person muß ich solchen Vorurteilen deutlich widersprechen. So leicht habe ich mich nie unterkriegen und aus der Ruhe bringen lassen. Bis zu diesem Problemfall bin ich durchaus mit beiden Beinen auf der Erde gestanden. Betrachte ich die anderen Betroffenen, so stelle ich fest, daß es durchaus auch im Leben stehende Frauen sind. Vom Ausbildungsstand her ist alles vertreten. Von der Verkäuferin bis zur Geschäftsfrau oder Managerin, von der Bäuerin zur Chefsekretärin, von der Friseuse bis zur Pädagogin ist ein breites Spektrum an beruflicher Bildung/Ausbildung vorhanden. Aus Bildung und Lebensstandard lassen sich keine Schlüsse auf für diese Probleme prädestinierte Frauentypen ziehen. Was ich in den Gesprächen herausgefunden habe, ist die Tatsache, daß die Frauen alle streng nach ihren bzw. den ihnen antrainierten Werten leben. Vom Typ her ist bei allen ein ausgeprägter Sinn für Familienharmonie vorhanden. Wir alle sind zu Respekt und Achtung vor dem älteren Menschen erzogen worden und praktizieren das auch. Aufopfernd für die Familie, streng nach den eingebleuten Regeln lebend, die uns lehren, für was wir alles als Frau zuständig und verantwortlich zu sein haben.

Wie können wir uns die Werte, die für uns über allem, auch unserer eigenen Befindlichkeit, stehen, vorstellen? Nun, es ist eine breite Palette: Treu und Redlichkeit, Demut, Ehrlichkeit, Harmonie, Gehorsam und Perfektion in allen weiblichen Pflichten. Respekt und Ehrfurcht vor dem Alter und gegenüber den Vorgesetzten gehören genauso dazu. Sich nicht in den Vordergrund drängen, sondern bescheiden für andere zu sorgen. Eben all das, was – wie man uns glauben machen will – ein gutes Frauchen beherrschen muß.

So leben wir angepaßt und unauffällig. Durchaus in der Lage, unser Leben zu gestalten und auch mal was durchzuboxen, soweit wir damit keinen anderen verletzen oder ihm zu nahetreten. Wir haben nicht gelernt, für uns selbst oder eigene Bedürfnisse einzustehen. Geht es aber um Ungerechtigkeiten gegenüber anderen, können wir schon mal die »gute Erziehung«

vergessen und uns – auch wenn's unpopulär ist – ins Zeug legen. Beruflich oft sogar sehr erfolgreich, sind wir im Privatleben bemüht, die »Tugenden« zu leben, die uns als erstrebenswert und weiblich vermittelt wurden.

Wir heiraten und wähnen uns am Ziel unserer Wünsche – unsere Eigenständigkeit eingeschlossen. Dann werden wir in unserer Privatsphäre von der Schwiegermutter bedrängt. Tag und Nacht sind wir haltlosen Angriffen und Druck ausgesetzt. Nun ist dieser ständige Druck im sozialen Nahfeld durchaus in der Lage, auch die stärkste Frau von den Beinen zu holen. Es gibt Untersuchungen über Frauen, die in der Familie der Gewalt ihres Ehemannes ausgesetzt sind. Dabei wurde festgestellt, daß die Frau hierbei keinen sozialen Ruheraum mehr hat, den jeder Mensch braucht. Dadurch werden ihre Selbstbehauptung und Widerstandskraft systematisch abgebaut. So ist es möglich, sie viel schneller und leichter in die Opferrolle zu drängen. Wer sich nun einmal in dieser Opferrolle befindet, hat Mühe, sich daraus zu befreien. Schnell lernen wir, uns unser Leben als Opfer zu gestalten und es als selbstverständlich anzusehen. Da es sich nicht gehört, gegen Ältere vorzugehen, beginnt man schnell zu resignieren. Zum einen kann ein Ausstieg aus dem Opferdilemma nur auf eine unnette Art geschehen. Diese verbieten wir uns aber im Ansatz schon wieder durch das Verständnis und die Interpretation unserer Pflicht und Rolle als Frau. Zum anderen erfordert so ein Ausstieg ein ungeheuer konsequentes Verhalten, das uns anfangs große Mühe macht. Müssen wir uns dabei nicht auch noch zusätzlich aus dem Berg an ordentlichem Verhalten und Dingen, die sich für uns als brave Frau gehören, mühsam herauswursteln?

Was für die Gewaltsituation mit einem rabiaten Ehemann gilt, hat auch bei Betroffenen Geltung, die der passiven, teilweise auch aktiven Gewalt ihrer Schwiegermutter ausgesetzt sind. Dies erklärt uns, warum auch und gerade Frauen, die durchaus gefestigt sind und ihren »Mann« stehen, zu Opfern werden und schnell die Kraft zur Gegenwehr verlieren. Wie schnell sich dieses Opferverhalten einschleichen kann, möchte ich am Beispiel der Aussagen zweier junger Frauen demonstrieren.

Melanie: *Als ich die ersten schlechten Erfahrungen mit meiner Schwiegermutter gemacht hatte, war es mir unmöglich, mich weiter in räumlicher Nähe mit ihr aufzuhalten. Mit meinem Baby war ich deshalb ständig auf der Flucht. Nur wenn es unbedingt erforderlich war, habe ich mich in meiner Wohnung aufgehalten. Lange Zeit hatte ich kein Zuhause mehr. Bei Freunden und Verwandten habe ich als Gast die Tage verbracht. Schon der Gedanke, auch nur in der Nähe der Schwiegermutter zu sein, war für mich unerträglich.*

Erika: *Höre ich meine Schwiegermutter in der Wohnung unter der unseren rumoren, sitze ich oft stundenlang wie gelähmt in einer Ecke. Wenn sie aus dem Haus geht, erledige ich in aller Schnelle die nötigen Hausarbeiten. In den Keller gehe ich nur im Laufschritt, wenn ich weiß, daß sie außer Haus ist. Der Gedanke, ihr zufällig in die Arme zu laufen, ist für mich so quälend, daß ich kein normales Leben mehr führen kann.*

Verständlich, daß so ein Leben, wie ein Tier auf der Flucht oder in die Ecke gedrängt und ängstlich, tiefe Spuren hinterläßt. Keine Minute der Freiheit und des Aufatmens! Hier sieht man aber auch deutlich, wie schnell sich eine Frau anpaßt, um Konfrontationen und Konflikte zu vermeiden. Beide Frauen aus dem Beispiel sind aber sehr unglücklich in ihrem Verhalten. Die Kritik, die sie wegen ihres Verhaltens an sich selber üben, demontiert sie seelisch noch mehr, und mit der Zeit fühlen sie sich zu nichts mehr nutze. Herausfordern können sie durch die Blockade im Innersten nicht, Flucht und Verstecken treibt sie noch mehr in die Opferhaltung.

Gibt es regionale Unterschiede?

Ob Stadt oder Land, ob Süd-, West-, Ost- oder Norddeutschland, überall ist der Problemfall Schwiegermutter präsent. Aus der regionalen Lage lassen sich keine Schlüsse auf Häufigkeit oder Intensität des Konfliktes ziehen. Die Erfahrung hat auch gezeigt, daß es für die Entstehung des Dramas eine eher untergeordnete Rolle spielt, ob die Generationen unter einem Dach zusammenleben. Es kommt sogar vor, daß die jungen Eheleute über Hunderte von Kilometern verfolgt und bedrängt werden. Verleumdungen und üble Nachrede kann man auch mittels Telefon verbreiten.

Unterschiede gibt es dagegen in den Auswirkungen. Beim gemeinsamen Wohnsitz der Konfliktparteien sind die Folgen für die Schwiegertöchter oftmals noch gravierender, da sie sich nicht zurückziehen können, weil ihnen eben dieser soziale Ruheraum entzogen wird. In Ballungsgebieten scheint die Hemmschwelle zu körperlicher Gewalt niedriger zu sein als in ländlichen Gebieten. Auf dem Land und in Provinzstädten steht dagegen eher die Forderung nach bedingungslosem Gehorsam im Vordergrund.

Ein Konflikt beginnt

Begegnung auf drei Arten

Nicht selten kommt es vor, daß eine junge Frau schon vor der Ehe als des Sohnes unwürdig abgelehnt wird. Die Mutter kann nicht verstehen, was ihr Sohn mit »sooo einer« will. Sie ist davon überzeugt, daß nur sie, die Mutter, in der Lage sei, die passende Partnerin für ihren Sohn zu bestimmen.

Brigitte: *Schon vor der Ehe war ich für meine Schwiegermutter nicht gut genug. Sie hat in einem Briefwechsel mit einer Freundin über mich hergezogen. Meine Ausbildung und mein Arbeitsplatz in einer Fabrik waren ihr zu schlecht. Mit meiner Ansicht, daß eine junge Familie mehr für sich allein sein sollte, galt ich für sie als größenwahnsinnig.*

Sigrid: *Meine Schwiegermutter in spe hat meinem Freund einmal geschrieben, was sie gegen mich hat. »Für dich als meinen Sohn ist sie doch viel zu klein – geradezu kleinwüchsig wie ein Zwerg. Such dir gefälligst eine, die in der Größe zu dir paßt. Außerdem hat sie keinen Charakter, denn ich habe sie schon einige Male blöd angeredet, denn sie verdient es ja nicht anders. Ein anständiges Mädchen würde daraufhin einen Rückzieher machen – und endlich einsehen, daß sie nicht erwünscht ist.*

Gerlinde: *Obwohl ich mittlere Reife gemacht habe und in einem kaufmännischen Beruf ausgebildet bin, hat mir meine zukünftige Schwiegermutter gleich gesagt, daß sie sich eine gebildetere Schwiegertochter vorstellt: »Du siehst zwar nett aus, aber du bist gerade so recht als Betthäschen für meinen Sohn«, sagte sie mit einem Lächeln, »die Mutter meines Enkelsohnes braucht schon etwas mehr Format. Du solltest einsehen, daß du nie als Frau meines Sohnes in Frage kommst. Schmink dir das ab!«*

Es gibt viele solcher Ablehnungsgründe. Sei es das Aussehen, die Ausbildung, wie sich die Schwiegertochter bewegt, welche Meinung sie hat, oder weil sie eben nicht die Richtige ist. Die Familie, aus der die zukünftige Schwiegertochter kommt, wird als nicht gut genug eingestuft. Egal ob einfache Leute (»sind die primitiv«) oder eine Familie aus besseren Kreisen (»sind die aber überkandidelt«), nichts ist für den Sohn der Mutter passend. Genauso ungnädig wird die berufliche Bildung der Schwiegertochter beurteilt. Kein Beruf ist der richtige, um den Anforderungen zu genügen. Als Grund für eine völlige Ablehnung werden die Eigenschaften der Schwiegertochter angeführt. Ob Lachen, Sprechen, Kochen, Putzen – die junge Frau kann nichts vernünftig machen. Der Sohn braucht mindestens eine Prinzessin, die klug ist (natürlich nicht klüger als der Sohn bzw. die Schwiegermutter), schön und reich (dies hat manchmal allerdings keinen großen Wert, da alles, was die junge Frau mitbringt, nicht im entferntesten so viel Wert hat wie der Besitz der Schwiegermutter). Wobei durchaus eine zu hübsche Auserwählte ebenfalls das Mißfallen erregen kann. *»Schöne Frauen sind nicht treu, mein Sohn!«* Im Endeffekt geht es gar nicht um die betreffende Auserwählte. Mutter will nur die Rechte an ihrem Sohn nicht verlieren oder gar abtreten.

Schlimme Folgen für die Schwiegertochter kann ein zu freundlicher Empfang in der neuen Familie haben. Oft ist die Freundlichkeit nur Basis, um Vertrauen zu schaffen, damit die junge Frau von sich erzählt. Unter Umständen wird jedes Wissen am Ende der Kennenlernphase ganz gezielt und brutal gegen die Schwiegertochter eingesetzt.

Tanja: *Lange Zeit hatte ich einen sehr guten Kontakt zu meiner Schwiegermutter. Ich genoß es, mich mit ihr zu unterhalten. Schnell hatte ich Vertrauen gefaßt. Mein ganzes Vorleben, meine Kindheit mit allen Schwierigkeiten, die ich hatte, all das habe ich ihr anvertraut. Nach einiger Zeit hat sie angefangen, mich mit diesen Informationen einzuschüchtern. Jede Kleinigkeit hat sie mir auf ganz üble Art und Weise vorgeworfen. Es war für mich furchtbar, daß mein Vertrauen so mißbraucht wurde.*

Maria: *Während ich dachte, mit meiner Schwiegermutter bestens auszukommen, hat sie sich hintenrum über mich ausgelassen. »Die ist primitiv und dumm, vor so einer muß man sich in acht nehmen!« – »Wie die ausschaut, muß mein Sohn im Vollrausch gewesen sein, als er die daherzog«, so hat sie mich in der Familie meines Mannes eingeführt. Auch verbreitete sie, daß ich es nur auf das Geld meines Mannes abgesehen habe. Zu erkennen, daß diese Frau unser gutes Verhältnis nur gespielt hat, um mich auszuhorchen, war sehr schmerzlich für mich.*

Auch dieses Schöntun ist eine Variante des Kennenlernens. Dabei trifft es uns meist total unvorbereitet, weil wir nichts Böses vermuten. Im Gegenteil, wir freuen uns, daß wir mit der Mutter so gut auskommen. Ohne jeglichen Argwohn befinden wir uns auf dem Weg zu unendlicher Demütigung. So »freundlich«, wie wir glauben aufgenommen zu werden, wenden wir uns der Schwiegermutter zu. Bald schon haben wir sie recht gern, und sie gehört für uns mit dazu. Haben wir bisher mit der Mutter gute Erfahrungen gemacht, kommt es uns im Traum nicht in den Sinn, daß etwas anderes als Sympathie und Zuneigung hinter der Freundlichkeit steckt. Die Euphorie über den menschlichen Zugewinn durch die neue Mutter hält so lange an, bis wir eine regelrechte Bruchlandung erleiden.

Es ist für uns selbstverständlich, daß wir uns an die Wünsche und Erwartungen der Schwiegermutter anpassen. Wenn sie immer wieder erzählt, wie schmutzig zum Beispiel ihre Nachbarin ist, weil sie nur alle vier Wochen ihre Fenster putzt, putzen wir unsere in Zukunft alle vierzehn Tage. Ständig sind wir bemüht, alles richtig und gut zu machen. Wollen wir doch die Gunst der Schwiegermutter durch unsere Fähigkeiten, mit denen wir ihr gefallen wollen, vertiefen und erhalten. Dabei setzen wir uns einem Druck aus, der uns meist total überfordert. Es ist nämlich sehr anstrengend, zu versuchen, so zu sein, wie einem jemand einredet, sein zu müssen.

Regina: *Meine Schwiegermutter war recht freundlich zu mir. Sie hatte auch nichts gegen unsere Eheschließung einzuwenden. Nur stellte sie mich von Anfang an unter ihre Regie. Wie sie sollte ich meine Wäsche behandeln, wie sie sollte ich Essen kochen. Sie wollte alle unsere Entscheidungen übernehmen. Ihr seid noch zu jung und unbedarft, ich zeige euch, was gut für euch ist. Von morgens bis abends hat sie mich mit ihren guten Ratschlägen und Erziehungsmaßnahmen gequält. Auch vor anderen Leuten hat sie immer wieder gesagt, daß sie mich erst noch zu einem nützlichen Familienmitglied heranziehen müßte.*

Tanja: *»Ich freue mich so, in dir endlich eine Tochter zu haben«, sagte meine Schwiegermutter zu mir. Zuerst war ich über diese Worte sehr glücklich, fühlte ich mich dadurch willkommen. Als ich aber mitbekam, was es mit der Tochter genau auf sich hatte, bin ich schier verzweifelt. Genau wie ein Kind sollte ich Schwiegermutter lieben. Meine eigene Mutter sollte ich von Stund an ignorieren. Über meine Familie wurde nur noch abfällig geredet. Alles an Vertrauen und Miteinander sollte ich nur noch mit der Schwiegermutter teilen. Auch begann sie, mich wie ein Kleinkind zu erziehen. Das geht so, das* *macht man so. Sie beriet mich, wie ich mich zu kleiden hätte, was ich kochen sollte, mit wem ich mich treffen darf. Wie in einer Zwangsjacke war ich in der mütterlichen Fürsorge eingepfercht.*

Dies ist die dritte Art der Begegnung. »Mutter« hat das Endziel ihrer Erziehungsmaßnahmen so hoch gesteckt, daß die Schwiegertochter beim besten Willen die Ansprüche nicht einmal annähernd erfüllen kann. Um sich jedoch das Wohlwollen der Älteren weiter zu sichern, wursteln und bemühen wir uns bis zur totalen Erschöpfung. Eigene Wünsche und Bedürfnisse stellen wir hintenan, da wir ja so freundlich aufgenommen wurden. Es ist unsere Pflicht, die Schwiegermutter bei Laune zu halten. Durch unsere Mädchenerziehung bleibt uns gar nichts anderes übrig, als Willigkeit und Fleiß zu demonstrieren.

Haben wir es mit direkter Ablehnung zu tun, so ist die Schwiegertochter zwar vor zuviel Nähe in der Anfangsphase geschützt. Was viele jedoch nicht überschauen, sind die Folgen. Keine von uns konnte sich jemals vorstellen, wie schwer und belastend das Leben ist, wenn die Schwiegermutter nicht abläßt, einen mit offener Ablehnung jahrelang zu verfolgen. Hier herrscht die Meinung vor, daß sich die Schwiegermutter mit der Zeit schon an die Schwiegertochter gewöhnen wird. Ein Trugschluß ist es auch, zu denken, die Schwiegermutter wird einen akzeptieren, wenn sie sieht, daß der Sohn glücklich ist und eine gute Ehe führt. Sie wird es nie tun! Selbst nach dreißig Jahren ist so manche Schwiegertochter noch immer die dumme unfähige Angeheiratete.

Lernen wir dagegen eine augenscheinlich liebe und offene Schwiegermutter kennen, so tappen wir mit wehenden Fahnen in die Zuneigungs- und Gefühlsfalle. Keine der jungen Frauen hält es im Vorfeld für denkbar, daß da ein Konflikt entstehen könnte oder schon da ist. Wir glauben einfach nicht an eine schlechte Mutter! Eine Mutter in unserem persönlichen Umfeld kann nichts Böses tun. So etwas Furchtbares auch nur zu denken haben wir nie gelernt!

Renate: *Dabei dachte ich, in meiner Schwiegermutter eine neue Freundin zu finden. Nie hätte ich gedacht, was für eine Qual auf mich zukommen würde.*

Was passiert in den Familien?

Kommen wir nun zu den Lebenssituationen, denen Schwiegertöchter ausgesetzt sind, wenn sie den Problemfall Schwiegermutter haben. Auf die einzelnen Punkte werde ich später noch ausführlicher eingehen. Wichtig erscheint es mir hier zu erwähnen, daß die ganzen Vorkommnisse von uns nicht realistisch wahrgenommen werden. Nach dem Motto: »Es kann nicht sein, was nicht sein darf«, verbieten wir uns jede sachliche Auseinandersetzung. Durch dieses eingebleute Verhalten, daß eine Frau persönlich verantwortlich für die innerfamiliäre Harmonie ist, nehmen wir es als geradezu selbstverständliche Verpflichtung hin, daß wir und nur wir selbst zuständig sind, unsere Schwiegermutter von uns zu überzeugen. Es gibt für uns einfach keine andere Alternative, als uns kritiklos so lange anzupassen, bis wir dem Bild einer gewollten Schwiegertochter entsprechen. Immer und zu jeder Zeit wurde uns ja beigebracht, daß wir Frauen das Wohlwollen aller Mitmenschen bei gutem Willen und genügend Anstrengung steuern können. Zu akzeptieren und als völlig normal anzusehen, daß es auch Menschen gibt, die uns nicht leiden können, diese Art zu denken fehlt uns total. So kommt es, daß wir all das, was uns schon von Anfang an geschieht, als unser persönliches Versagen oder fehlende Initiative glauben sehen zu müssen. Das hat zur Folge, daß viele von uns denken, daß die Ablehnung berechtigt ist, da sie ja ihrer Aufgabe nicht voll entsprechen, im Umgang mit der Schwiegermutter sogar kläglich in der Rolle als »Tochter« versagen und somit eine Bestrafung durchaus verdient haben.

Wie im letzten Kapitel beschrieben, werden die Schwiegertöchter oft schon vor der Ehe als des Sohnes nicht würdig abgelehnt. Die Schwiegermutter nimmt zwar in Anspruch, ihren Sohn bestens erzogen zu haben. Trotzdem gesteht sie ihm aber die Fähigkeit und den nötigen Sachverstand, seine Partnerin selbst wählen zu können, nicht zu: Nur sie weiß, welche Kriterien eine junge Frau erfüllen muß, damit sie zu ihrem Sohnemann paßt.

Von Schwiegertöchtern wird verlangt, sofort alles so zu machen, wie die Schwiegermutter es schon immer getan hat. Eigene Erfahrungen und Wissen aus ihrem Elternhaus gelten als nicht vorhanden. Im Endeffekt soll sich die junge Frau zu einer Dublette der älteren entwickeln. Natürlich kann die Schwiegertochter nie die Größe ihrer Schwiegermutter erreichen, ist sie doch viel zu einfältig dazu. Daß die Schwiegertochter ihren Ehemann und die Familie ordnungsgemäß versorgen kann, wird ihr abgesprochen. Woher soll sie es denn haben?

Ist die Seniorin mit der Wahl der Partnerin des Sohnes nicht einverstanden oder verhält sich die Junge nicht so, wie es sich gehört, wird die Schwiegertochter zuerst mal in der Familie ihres Ehemannes denunziert. Später gehen die teilweise massiven Verleumdungen in der Nachbarschaft, im Bekanntenkreis und in der Familie, ja sogar beim Arbeitgeber der Schwiegertochter weiter.

Um das Wohl ihres Sohnes besorgte Mütter lesen sämtliche Unterlagen, wie Kontoauszüge, Tagebücher und Verträge des jungen Paares. Dies geht soweit, daß die Post geöffnet und sogar unterschlagen wird. Ein Tagebuch der Schwiegertochter kann dann schon mal, zum Beweis für deren Untauglichkeit, im ganzen Ort weitergereicht werden. Meistens wird die Schwiegertochter nur offen attackiert, wenn die zwei Frauen alleine sind. Alle anderen Angriffe laufen indirekt ab, so auf die Art: *»Mein lieber Sohn, du schaust aber heute blaß und abgemagert aus, bekommst du denn nicht regelmäßig dein Essen? Komm, ich mach dir dein Leibgericht.«*

Mit Aufträgen und Wünschen werden die Jungen regelrecht überschüttet. Die Ausführung hat aber spätestens gestern erledigt sein sollen. Springt man nicht gleich, heißt es dann: *»Die Schwiegertochter läßt meinen Sohn nicht zu mir!«* Als Erziehungsmaßnahme ist die Drohung mit Enterbung oder mit Selbstmord sehr beliebt.

Für Geschenke wird den jungen Leuten oft jahrelang Demut und Dankbarkeit abverlangt. Sehr oft müssen die Söhne, um das Häusle überschrieben zu bekommen, unterschreiben, daß sie ihre Eltern im Alter pflegen.

Die Enkelkinder werden in diesem Familienkrieg gedanken- und schamlos als Waffe mißbraucht. Wird die Schwiegertochter abgelehnt, kommt es sehr oft vor, daß an der Vaterschaft des Sohnes gezweifelt und das Enkelchen als Bastard behandelt wird. Kritik an der Mutter wird schonungslos über die Kinder angebracht.

Ein Konflikt stellt sich dar

Nach dieser allgemeinen Darstellung will ich jetzt ein paar Punkte näher beleuchten. In der Gruppe und am Telefon habe ich anhand von Fragebögen versucht, die Beschwerden der Schwiegertöchter genauer aufzulisten. Es bedarf eines längeren Zeitraums und einer gehörigen Portion Selbstüberwindung, bis die einzelne Schwiegertochter überhaupt Bereitschaft zeigt, sich über das Verhalten ihrer Schwiegermutter zu beschweren. Immer wieder meldet sich hier das »schlechte Gewissen«, die Frau schlechtzumachen. Auch das Gefühl, durch das eigene Versagen mit zu dem Konflikt beigetragen zu haben, bzw. das Gefühl, durch die eigene Unzulänglichkeit den Konflikt nicht in den Griff zu bekommen, hindert die jüngeren Frauen anfangs daran, objektiv an die Darstellung ihres Problemfalles heranzugehen.

Nach der Auswertung der Angaben von 300 Betroffenen ergibt sich folgendes Bild:

Konflikte mit der Schwiegermutter

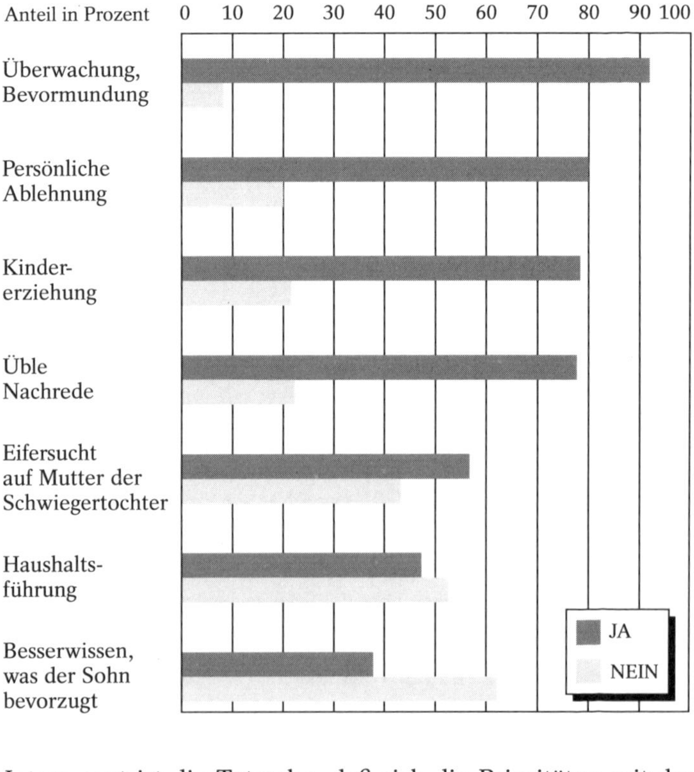

Interessant ist die Tatsache, daß sich die Prioritäten seit der ersten Auswertung nicht mehr verschoben haben.

Was verbirgt sich hinter der Angabe: Überwachung, Bevormundung (92%)? Viele junge Frauen sind in ihrer Aktivität stark eingeschränkt. Über jeden Schritt, den sie außer Haus gehen, wird Rechenschaft verlangt. Das kann soweit gehen, daß sie ohne Genehmigung ihrer Schwiegermutter nichts unternehmen dürfen. »Wo gehst du hin, was machst du, wen triffst du ...?« Viele Schwiegertöchter können deshalb nur telefonisch Kontakt mit der Außenwelt halten. Wenn mal das Telefon besetzt ist, kann es passieren, daß Nachbarn alarmiert werden, um zu schauen, was da los ist. Oder der Ehemann wird am Abend informiert, daß in der Zeit von 8.20 bis 9.00 das Telefon belegt war. Sehr beliebt scheint es auch zu sein, den Abfall der Schwiegertochter zu durchwühlen. Dabei wird »Brauchbares« mit nach Hause genommen und demonstrativ präsentiert. Schließlich läßt sich auf diese Art und Weise anschaulich die Verschwendungssucht der Schwiegertochter demonstrieren. Es passiert auch, daß Sparbücher »sichergestellt« werden. Mehrmals am Tag werden von der Schwiegermutter Kontrollanrufe getätigt. In manchen Fällen gehen bis zu achtzig solcher Anrufe pro Tag ein, bei denen nur geschaut wird, ob die Schwiegertochter abhebt. Danach wird sofort wieder aufgelegt.

Die Bevormundung (92%) kann sich unterschiedlich ausdrücken: Im schlimmsten Fall wird der Schwiegertochter den ganzen Tag vorgeschrieben, was sie wie zu machen hat. »Ich habe das immer so gemacht, bei dir kann das ja nichts werden!« In jedem auch noch so privaten Bereich bekommt die jüngere Frau gute Ratschläge, die sie selbstverständlich auch umgehend ausführen soll. Selbst Entscheidungen, die eigentlich das Paar betreffen, werden von der Mutter übernommen, oder es wird den Jungen nahegelegt, so zu handeln, wie Mutter es sagt. Jungen Müttern wird vorgeschrieben, wie sie die Kinder ernähren müssen, was sie den Kindern bei welchem Wetter anziehen sollen, wann das Kind spielen, wann schlafen muß. Das junge Ehepaar soll Einrichtung, Fliesen, Tapeten und jede Kleinigkeit so kaufen, wie die Schwiegermutter es richtig findet. In welchen Geschäften wann der Einkauf gemacht werden muß, auch was auf den Tisch kommt, wird vorgeschrieben. Was der Sohn an Zuwendung, Kleidung und Essen sowie an Ruhezeiten und Hobbys braucht, weiß niemand so gut wie die Schwiegermutter.

Was die persönliche Ablehnung (80%) betrifft, so ist hier an erster Stelle die falsche Partnerwahl des Sohnes zu nennen: *»Die paßt nicht zu ihm. Er hat sich eine bessere Frau verdient.«* Aussehen, Bildung, Freundeskreis und Persönlichkeit der Schwiegertochter werden abgelehnt. Wird von einer abgelehnten Schwiegertochter ein Kind geboren, heißt es: *»Na ja, es weiß ja niemand genau, ob das Kind überhaupt von meinem Sohn ist.«* Größe, Haarfarbe und Nasenform, das alles wird als Kriterium gegen die Schwiegertochter verwandt. Der Arbeitsplatz der Schwiegertochter und die Schule des Kindes sind selbstverständlich immer die schlechtesten.

Bei übler Nachrede oder Verleumdung (79%) ist immer die junge Frau in der schlechteren Position. Als jüngere Frauen sind wir unglaubwürdiger als die älteren. *»Die ist primitiv und dumm! Sie mißhandelt ihre Kinder! Die will mich mit ihrem abscheulichen Fraß vergiften! Meine Schwiegertochter kann mit dem Geld nicht umgehen und will deshalb auch noch an meine Rente ran ...«* Das sind einige Beispiele, wie über uns gesprochen wird. Auch gegenüber unseren Kindern wird das praktiziert. So bekommen die Kinder gesagt, daß Mutti nicht mit dem Geld umgehen kann, nicht fähig ist, sie richtig zu behandeln, unordentlich und dumm ist usw.

Auch in der Kindererziehung (78%) wird die Schwiegertochter als unfähig hingestellt. Egal ob's darum geht, was das Kind ißt, anzieht, wann es schläft, ob, was oder mit wem es spielt, was es mal werden soll, welche Schule es zu besuchen hat, immer weiß Schwiegermutter, was für das Enkelkind gut oder besser ist. Daß die Mutter der Schwiegertochter auch Erfahrungen hat, die sie ihrer Tochter mit auf den Weg gegeben hat, wird von der Schwiegermutter nicht anerkannt, es wird sogar erwartet, daß die Schwiegertochter ihre eigene Mutter und Erziehung verleugnet.

Viele Schwiegermütter (57%) reagieren vom ersten Moment an sehr eifersüchtig auf die Mutter ihrer Schwiegertochter. Es wird von der Schwiegertochter geradezu verlangt, daß sie vom Tage ihrer Eheschließung an ihre Schwiegermutter zu lieben hat, ihr blind vertraut und nur noch sie als verbindlich anerkennt. Die eigene Familie soll die Schwiegertochter von Stund an vernachlässigen. Jetzt hat sie ja etwas Besseres! Hält sich die Schwiegertochter an einen Ratschlag ihrer eigenen Mutter, so nimmt es die Schwiegermutter oft noch zehn Jahre später übel: *»Auf die hört sie, aber auf mich will sie nicht hören.«*

Wie das Dreinreden in die Haushaltsführung (47%) aussieht, wird sich wohl jeder vorstellen können. Überprüfungen, ob noch irgendwo Staub liegt oder wie die Schränke eingeräumt wurden, sind ebenso an der Tagesordnung wie das Durchwühlen des Mülls. Die ganze Palette Koch-, Putz-, Back-, Wasch- und Erziehungsmaßnahmen wird bis ins kleinste ausgeschöpft.

Claudia: *Meine Schwiegermutter hat sogar Tinte an schwer zugänglichen Stellen gespritzt, nur um zu beweisen, wie unordentlich ich bin.*

Um ihren Sohn besorgte Schwiegermütter (38%) nerven total mit der Aussage: »Das will mein Bub so. Schweinebraten ißt er nur, wenn ich ihn mache. Meinen Apfelstrudel hat er schon immer gerne gegessen.« Sehr oft wird dabei übersehen, daß sich Sohnemann an dem Zeug schon lange überessen hat und das kalte Grausen kriegt, wenn wir die »Delikatessen« auch nur ansprechen. Mutti schmiert dem Buben die Stullen zum Frühstück, richtet ihm die Kleidung und weiß genau, wann Bubi seine Ruhe braucht.

Was empfinden die Schwiegertöchter?

Ein solcher Empfang in der neuen Familie und das Leben unter dem ständigen Druck durch die Schwiegermutter wirkt sich natürlich stark auf das Gefühlsleben und die physische und psychische Gesundheit der Schwiegertöchter aus. Jede der Frauen, die sich bis heute bei mir gemeldet haben, ist durch die Probleme in ihrem sozialen Nahfeld krank geworden. Die Liste der Krankheiten geht von Herz-Kreislauf-Erkrankungen über Hautkrankheiten, Nierenerkrankungen bis hin zu Depressionen, teilweise mit massiven Selbstmordgedanken oder Selbstmordversuchen. Auch kann es zur Tabletten- oder Alkoholsucht kommen.

Beleuchten wir nun die Gefühle, die sich in uns aufstauen. Wir haben sie in der Gruppe in drei Teilen aufgezeichnet. Das Organigramm (siehe gegenüberliegende Seite) soll einen Überblick verschaffen.

Als erstes kommen die unterschiedlichen Gefühle uns selber betreffend. Nachdem wir ständig zu hören bekommen, daß wir zu nichts nutze sind, stellen sich sehr schnell Selbstzweifel ein. Bereits nach kürzester Zeit leidet unser Selbstvertrauen stark darunter. Mit der Zeit verlieren wir die Selbstachtung, da wir die Schuld immer bei uns suchen. Schließlich haben wir gelernt, daß eine Frau stets die Familienharmonie im Griff haben muß. Es ist Pflicht der Frauen, so haben wir vermittelt bekommen, immer auszugleichen und dafür zu sorgen, daß sich jeder in der Familie wohl fühlt. Natürlich funktioniert das nicht. Wer ist schon in der Lage, es immer allen recht zu machen? Durch die Erziehung zum »braven Mädchen« stellen wir uns aber automatisch unter diesen ungesunden Zwang.

Da wir unausweichlich mit unseren Bemühungen um Harmonie Bruchlandung erleiden, stellt sich bald eine gewisse Versagensangst ein. Was Neues brauche ich gar nicht mehr anzufangen, ich mache sowieso alles falsch. Das geht so weit, daß die

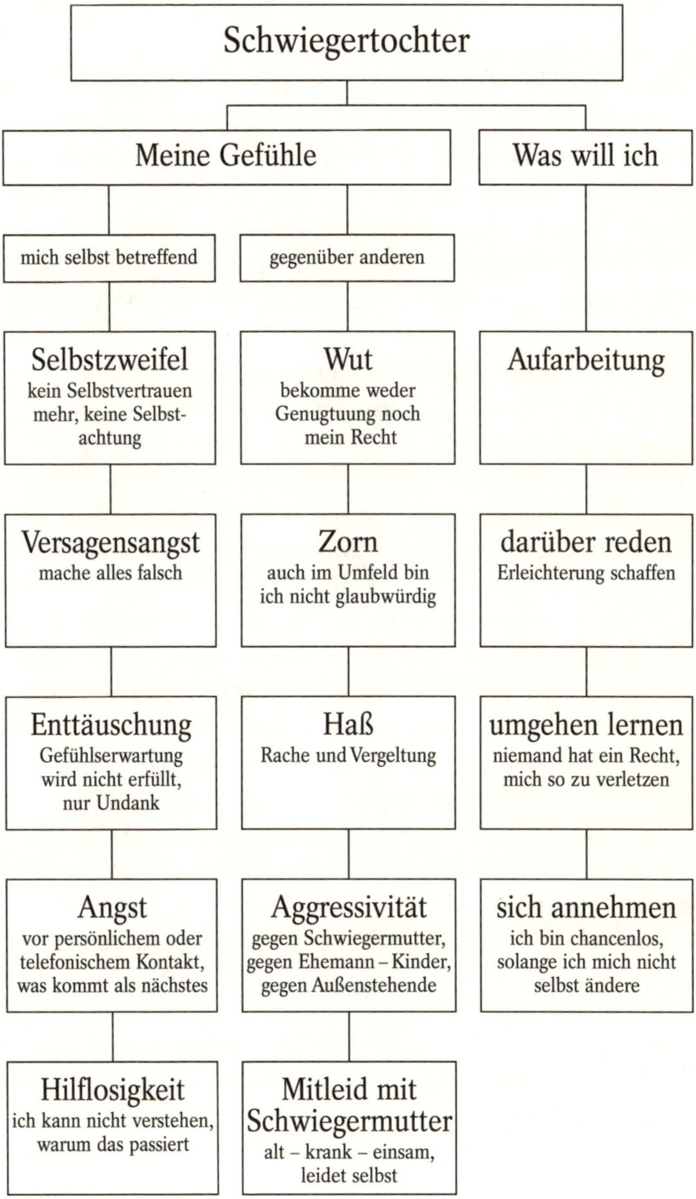
Schwiegertochter
Meine Gefühle
Was will ich
mich selbst betreffend
gegenüber anderen
Selbstzweifel
kein Selbstvertrauen mehr, keine Selbstachtung
Wut
bekomme weder Genugtuung noch mein Recht
Aufarbeitung
Versagensangst
mache alles falsch
Zorn
auch im Umfeld bin ich nicht glaubwürdig
darüber reden
Erleichterung schaffen
Enttäuschung
Gefühlserwartung wird nicht erfüllt, nur Undank
Haß
Rache und Vergeltung
umgehen lernen
niemand hat ein Recht, mich so zu verletzen
Angst
vor persönlichem oder telefonischem Kontakt, was kommt als nächstes
Aggressivität
gegen Schwiegermutter, gegen Ehemann – Kinder, gegen Außenstehende
sich annehmen
ich bin chancenlos, solange ich mich nicht selbst ändere
Hilflosigkeit
ich kann nicht verstehen, warum das passiert
Mitleid mit Schwiegermutter
alt – krank – einsam, leidet selbst

Einzelne auch im Beruf zurücksteckt. Dieses Leben als Versagerin führt schließlich dazu, daß tatsächlich einiges schiefgeht. Das wiederum bestätigt uns nur in der Minderwertschätzung uns selber gegenüber. Viele von uns glauben, nicht mehr normal zu sein. Da wir oft schon im Ansatz erkennen, was die liebe Schwiegermutter wieder für Bosheiten ausheckt, denken viele: *»Jetzt habe ich schon einen Verfolgungswahn«.*

Anfangs, wenn wir die Mutter unseres Partners kennenlernen, projizieren wir ganz selbstverständlich unser Mutterbild – immer lieb, zu nichts Negativem fähig – in diese Frau hinein. Um so größer ist dann die Enttäuschung, wenn wir feststellen, daß unsere Gefühlserwartungen an die Schwiegermutter nicht erfüllt werden. Anstelle mütterlicher Zuwendung kommt Undank und Demütigung zurück. Diese Demütigungen und Angriffe durch die Schwiegermutter machen uns völlig hilflos. Haben wir nicht alle gelernt, eine Mutter zu achten und ehren und daß Mütter immer gut, verständnisvoll und lieb sind? Plötzlich sind wir mit einem Verhalten konfrontiert, das wir eigentlich verachten. Nachdem die Attacken aber von einer, wenn auch angeheirateten Mutter kommen, erlauben wir es unserem Innersten nicht, diese Frau für ihr Tun zu verurteilen. Solche Gefühle stehen uns nicht zu. Kritik und Ablehnung sind uns durch unsere Erziehung streng verboten. Einerseits trifft es uns zutiefst, andererseits dürfen wir aber nicht reagieren. Diese Hilflosigkeit führt dazu, daß wir in unserem ganzen Handeln blockiert sind. Der Wille zum Ausbruch wird durch die uns eingebleute Moral gebrochen. Lethargie und Gleichmut sind die Folgen. Wie gelähmt läßt man jegliche Demütigung über sich ergehen.

Mit der Zeit entwickelt sich oftmals eine geradezu panische Angst. Mir haben Frauen berichtet, daß sie in ihrer Wohnung oft stundenlang lautlos verharren, nur weil sie im unteren Stockwerk ihre Schwiegermutter rumoren hören. Andere wiederum erzählen von Schweißausbrüchen und starkem Herzklopfen, wenn nur das Telefon klingelt: *»Immer, wenn sich Schwiegermutter zum Besuch ansagt, ist schon eine Woche vorher Sturm angesagt. Ich putze wie wild, bin gereizt und völlig fertig.«* Diesen Satz höre ich sehr oft. Oder: *»Mir graut davor, wieder einen Besuchstag bei Schwiegermutter einzulegen. Hinterher haben mein Mann und ich jedesmal eine Woche lang Streit.«* Ständig schwelt die Angst in uns, was wohl als nächstes kommt.

Der zweite Punkt sind die Gefühle, die wir anderen gegenüber entwickeln. Viel Leid entsteht aus der Hoffnung, daß es schon noch irgendwie wird. Zwanzig oder dreißig Jahre Hoffnung sind keine Seltenheit: Irgendwann wird mich meine Schwiegermutter anerkennen. – Sie wird schon noch einsehen, daß ich ihren Sohn und meine Familie gut versorge. – Mit der Zeit wird sie sich an mich gewöhnen. Ist es Hoffnung oder Selbstbetrug, was die Frauen zu jahrzehntelangem Ausharren und Stillhalten anhält?

Grundsätzlich ist in dem Familienzwist die Schwiegertochter die Dumme. Als Jüngere sind wir nicht glaubwürdig. Zorn und Wut entwickeln sich in uns, weil wir nie Genugtuung oder gar unser Recht bekommen. Auch das Umfeld glaubt der Älteren und ist nur zu gern bereit, uns ungehört zu verurteilen. Eigentlich wären wir jetzt soweit, unsere Schwiegermutter aus tiefstem Herzen zu hassen. Wenn da nicht unsere Moral wäre. Haß ist uns doch strikt verboten worden. Lieben müssen wir. Auch wenn wir schier ersticken an einer Liebe, die uns krank macht. Hätte es nicht jede von uns der Alten gerne mal heimgezahlt? Diese Gedanken sind tabu. So gehen wir wegen dieser schlechten Gefühle mit uns selber ins Gericht und unterdrükken selbst den kleinsten Widerstand im Keim. Es geht sogar soweit, daß wir uns solche Ausrutscher verbieten und dagegen angehen.

Dadurch, daß wir jede Gegenwehr bereits im Ansatz erstikken, entwickelt sich bei uns entweder eine große Resignation oder Aggressivität. Die Aggressionen entladen sich zuerst gegen Kinder oder andere Wehrlose. Aber auch gegen den Ehemann, der oft ganz überrascht ist, weil wir uns plötzlich an Nichtigkeiten aufhängen. Seltener oder manchmal erst im Endstadium gehen wir gegen den eigentlichen Auslöser, die Schwiegermutter, aggressiv vor. Viele von uns gestehen es sich nie zu, der Schwiegermutter mal die Meinung zu sagen. Darf man (frau) ja nicht!

Mindestens tausend Gründe finden wir, wenn wir uns, aller Erziehung zum Trotz, endlich durchgerungen haben, das Verhalten der Schwiegermutter zu verurteilen, um doch gleich wieder mit Entschuldigungen aufzuwarten. Die Ärmste ist ja alt und krank. Sie hat nie ein schönes Leben gehabt. Die Einsamkeit macht ihr halt doch schwer zu schaffen. Bestimmt leidet sie auch unter dem Zustand. Und und und ... Wurde uns nicht beigebracht, mit allen Menschen Mitleid zu haben? Nur wir selber verdienen keins.

Da wir kein sanktioniertes Ventil finden, um unsere Gefühlswelt zu akzeptieren oder gar danach zu leben, verlieren wir nach und nach das Vertrauen in unser Umfeld. Um ja nicht noch mehr verletzt und enttäuscht zu werden, isolieren wir uns gegenüber Freunden, Verwandten und Kollegen. Viele der Frauen, die sich bei mir melden, sagen mir: *»Seit über 30 Jahren habe ich mit niemandem über mein Problem gesprochen.«*

Was wollen nun wir Schwiegertöchter, wenn wir untereinander Kontakt knüpfen und uns zusammentun? Zunächst einmal darüber reden. Gegenüber anderen Betroffenen kann man offen reden. Gerade wenn es um verbotene Gefühle wie Wut und Haß geht. Zum ersten Mal seit Jahren ist da jemand, für den ich glaubwürdig bin, der mir sogar sagt, daß ich recht habe. Es sind andere Frauen da, die wissen, wie ich mich fühle, wenn mir ständig Unrecht getan wird. Frauen, die Störmanöver der Schwiegermutter am eigenen Leib erfahren und erfühlt haben. Insofern ist das Darüberreden sehr wichtig, um sich Erleichterung zu schaffen. Dinge auszusprechen, die man sich sogar zu denken verboten hat, ist eine ungeheure Befreiung.

Nach der ersten Erleichterung versuchen wir selbstverständlich, die Geschehnisse aufzuarbeiten. Da die psychischen Schäden meistens sehr tief sitzen und viele von uns geradezu ein Trauma bzw. einen Schock erlitten haben, ist dies oft sehr schwierig. Einige schaffen es in der Gruppe, wieder Halt zu finden und ihr Selbstvertrauen aufzubauen. Sie werden selbstsicherer. Auch im Umgang mit ihrer Schwiegermutter können sie sich abgrenzen. Dadurch finden sie sehr schnell in ein normales Familienleben zurück. Manche aber, die sich selber schon zu sehr seelisch demontiert haben, brauchen Hilfe vom Fachmann. Auch schwere Krankheiten, die als Folge der seelischen Störung aufgetreten sind, bedürfen der Behandlung eines Arztes. Ein anderer Teil der Frauen sagt aus: *»Ich weiß, daß ich mich und mein Verhalten ändern müßte, um aus dem Ganzen herauszukommen, aber ich schaffe das nicht. Es ist schon eine Erleichterung, wenn ich über meine Problematik in der Gruppe reden kann.«* Bei diesen Frauen wurde oft der gesamte Wille und die Selbstachtung gebrochen, so daß sie nur noch wegen der Kinder oder aus Angst vor einem Neuanfang in der schrecklichen Situation weiterleben. Sie haben sich teilweise selbst aufgegeben und der Samen – *Ich-bin-nichts-wert* – ist aufgegangen.

Wer von uns keine dauerhafte Trennung von der Schwiegermutter verwirklichen kann – das ist immer dann der Fall, wenn die beiden Generationen unter einem Dach leben –, versucht zu lernen, mit dieser Frau umzugehen, ohne immer so verletzt zu werden. Das setzt voraus, daß es der Schwiegertochter gelingt, sich abzugrenzen und keine falschen Kompromisse mehr mit der Schwiegermutter einzugehen. Sobald in dem Zusammenleben irgend etwas passiert, was Unbehagen bei der Schwiegertochter auslöst, muß sie dagegen angehen. Dies ist ein Weg der kleinen und kleinsten Schritte. Mühsam und mit starker Willenskraft durchgesetzt, fühlt sich die Schwiegertochter aber bald besser und kann ein ganz neues und schönes Leben, ohne diese falsche moralische Diktatur, führen.

Probleme haben wir anfangs auch damit, anzunehmen, daß wir chancenlos sind, solange wir uns nach den alten Mustern verhalten. Wurde uns nicht schon im Kleinkindalter eingetrichtert, wie sich ein braves Mädchen verhält? Wie oft haben wir erfahren, daß wir für unsere Tugenden belohnt und daran gemessen werden. Die für jeden Menschen lebensnotwendige Anerkennung und Liebesbezeugung erhielten wir, wenn wir funktioniert haben. Konnte nicht unsere eigene Mutter vor Freude schier aus dem Häuschen geraten, wenn wir in unserem Zimmer Ordnung gemacht hatten und die schmutzige Wäsche nicht mehr unter dem Bett lag? Sogar abends wurde uns ungeteilte Achtung zuteil, wenn Mutter stolz dem Vater erzählte, wie artig und brav das Mädel heute wieder war. Und jetzt, obwohl wir mit derselben Generation zu tun haben, die uns diese Werte wie Sauberkeit, Ordnung und Demut eingebleut hat, klappt die Anerkennungsmasche und das »mit Liebe belohnt werden« nicht mehr. Selbst wenn wir uns noch so anstrengen, wir können durch unser Wohlverhalten nichts ändern. Unser ganzes Weltbild gerät aus den Fugen. Dabei haben wir doch so lange an uns gearbeitet, um genau diesem Bild vom netten und lieben Mädel zu entsprechen. Wurde uns nicht immer die schlampige und schmutzige, die launische und unartige Frau als schlechtes Beispiel vorgesetzt? Ehrlich, sauber, treu, redlich, fleißig und gehorsam, so hat ein gutes Mädchen zu sein! Das ist die uns vertraute Wertewelt.

Da passiert uns das Ungeheuerliche. Wenn wir putzen, ist es nicht sauber genug. Kochen wir ein Festmenü, ist es nicht gut genug. Erledigen wir für die Schwiegermutter Besorgungen, ist es nicht schnell genug. Sagen wir unsere ehrliche Meinung, sind wir unverschämt. Sorgen wir uns um Schwiegermutter, bevormunden wir sie. Rennt der Sohn nicht schnell genug zu Muttern, halten wir ihn aus Eifersucht zurück. Kommt Sohnemann nicht sofort auf Bestellung, enthalten wir der armen Frau ihren Sohn vor. Wir kleiden Sohn schlecht, lassen ihn nicht seinem einzigen Haupthobby, »der Mutter parieren und sie unterhalten – Tag und Nacht«, nachgehen und sind häßlich, verlogen, ungezogen, primitiv und dumm. Dabei sind diese Fehler bei uns gar nicht vorhanden, sie wurzeln nur in einem ganz großen Fehler, dem einzigen, den wir gemacht haben: Wir haben den Sohnemann geheiratet!

Hier finden wir auf der einen Seite die Schwiegertochter. Guter Wille und die unerschütterliche Gewißheit ins Denken eingebrannt, daß sie als gute und brave Frau die Harmonie und das Wohlbefinden der gesamten Familie herstellen kann und muß. Naiv im Glauben an die Menschen ringsum in der Familie. Unfähig zu jeder Kritik an einem älteren Menschen oder gar an einer Mutter. Nicht in der Lage zu akzeptieren, daß einen auch vermeintlich nahestehende Menschen ablehnen können.

Zum anderen haben wir es mit einer Schwiegermutter zu tun, die sich ablehnend verhält. Die Mittel anwendet, für die sich die Schwiegertochter zusätzlich auch noch schämt, als hätte sie selbst zu diesen Mitteln gegriffen. Das Spektrum der Gedankenwelt der Schwiegertochter ist nicht auf dieses Verhalten vorbereitet. Durch die konträren Welten, die da in der Schwiegertochter aufeinanderprallen, wird in ihr eine Art Zerstörungsmechanismus freigesetzt. Das Gefühl der eigenen Minderwertigkeit, die Gewißheit, daß hier eine ältere Frau und Mutter massives Fehlverhalten zeigt, was wir aber nie offen zugeben dürfen, beginnt uns in einen Kreislauf zu ziehen, der krank und hilflos macht.

Martyrium – Leidenspotential: Eine Betroffene schildert ihr Leben

Bevor ich im nächsten Kapitel auf die Verhaltensweisen der Schwiegermütter eingehen werde, will ich an dieser Stelle eine Schwiegertochter zu Wort kommen lassen. Die Schreiberin des folgenden Briefes hat mir ihr Einverständnis gegeben, dieses Dokument des Leides bzw. die wörtliche Abschrift in vollem Umfang zu veröffentlichen.

Sehr geehrte Damen!

Von Ihrer Selbsthilfegruppe habe ich heute durch die Presse erfahren. Ich finde es gut, daß dieses, eine solche Initiative, angegangen wurde, denn die Schwiegermütter sind nicht nur Feindbilder, sondern verschaffen unendliche Qual und viel Leid, ja ein regelrechtes Leidenspotential. Natürlich gibt es auch liebe und nette Schwiegermütter, die man hier ausgrenzen muß.
Ich selbst kenne dieses Martyrium bereits seit 18 Jahren. Ich habe sehr jung geheiratet – mit knapp 19 Jahren. Mit meinem Ehemann habe ich im Haus der Schwiegereltern eine Dachwohnung ausgebaut. Dies war der größte Fehler in meinem Leben, denn unter mir herrscht eine Schwiegermutter mit allen Schikanen. Wir haben schon lange Platznot, denn zwei Kinder (17 J. und 15 J.) haben unsere Familie vergrößert. Sie wacht über ein Haus mit zwei weiteren Etagen, wo 6 Zimmer seit eh und je unbewohnt bleiben. Nirgends ist Platz für mich und meine Kinder, nicht für Wäsche, für Fahrräder, einfach für nichts. Doch ich brauche dringend Platz, zumal wir nur ein Kinderzimmer haben. Sie verriegelt alle Zimmer, aber Instandsetzungen oder Verschönerungen gibt es nicht. Alles muß alt und wie früher bleiben. Sie weiß, daß ich für Fortschritt und Selbständigkeit bin und meine

Familie sehr liebe. Doch hier legt sie, wo sie nur kann, »dicke Balken« in den Weg. Unser drittes Kind ist mit sechs Wochen verstorben. Als ich schwanger war, wurden alle erdenklichen Schikanen gegen meine Familie gerichtet. Ein drittes Kind war zuviel, ja, Kinder sind nur im Weg. Wir haben zwei nette und hübsche Kinder, von denen ich immer dachte, daß beide der Stolz der Eltern und Großeltern seien. Doch dies ist weit gefehlt. Bei der Beerdigung des dritten Enkelkindes war keine Blume und keine Anteilnahme übrig. Sie hat mir heimlich Kinderwäsche auf der Leine zerschnitten, meine Blumen vergiftet und jede erdenkliche Blockade erfaßt, um mich zu quälen. Sie lügt, stellt mich und meine Familie in ein falsches Bild. Ja, daß es uns gutgeht, möchte sie nicht, sondern spottet und lügt »durchs ganze Dorf«. Wenn ich weine, fertig bin und leide, dann geht es ihr gut. In all den Jahren, in denen ich hier lebe, ging es ihr gut, sie war nie krank, hatte durch mich nie Nachteile. Ich dachte ja auch immer, durch eine Schwiegermutter eine neue Freundin zu finden und habe nie vermutet, daß eine solche Qual auf mich zukommt. Ich könnte von dieser Zeit später einmal ein Buch schreiben, denn ich bin zur Zeit nervlich nicht in der Lage, alles umfassend und ausführlich in diesem Brief zu schildern.

Hinter mir liegen harte, arbeitsreiche und sorgenvolle Jahre, stark belastet von der Schwiegermutter. Ich vermag gar nicht zu sagen, ob es Dummheit, Haß, Neid oder mangelnde Liebe sind, die in dieser Frau herrschen? Sie hat mir so oft weh getan, wie sie nur konnte, so daß ich sagen muß, in ihr regiert der Teufel. Aber niemand versteht mich doch ganz richtig, wie schwer mein Lebensweg hier ist. Nach außen tut sie freundlich, sind die Türen geschlossen, herrscht hier für mich ein Martyrium! Ich habe so oft gedacht, der liebe Gott bietet ihren Machenschaften Einhalt, doch böse Menschen haben ja trotz allem Glück.

Niemals hatte sie für mich etwas übrig, sie behandelt mich wie eine Magd, meinen Mann wie einen Knecht, ja die Kinder ebenso. Als meine Tochter ein halbes Jahr alt war, verlangte sie dem Kind Kaffee zu geben, die Milch war für unser Kind zu schade. Ach ich könnte hier erzählen, seitenlang, lauter Leid und Schmerz, den ich schwer tragen muß. Ich bin oft erschlagen vor Trauer, daß ich gerade »an eine solche Schwiegermutter« geraten bin.

Bitte antworten Sie mir hierauf, wie man mit solchen Menschen umgeht, ich weiß hier keinen Ausweg mehr. Alle Bemühungen, jede Unterredung sind zwecklos. Sie lügt mir gerade ins Gesicht, aber in die Augen kann sie einem nicht schauen. Ich habe während meiner Ehe immer zu meinem Mann gestanden, ihn unterstützt, wie auch meine Kinder. Für mich würde eine Schwiegertochter keinesfalls anders oder schlechter behandelt. Ich denke, sie muß zu meinem Sohn passen, sich mit ihm verstehen, und ich kann später zur Akzeptanz und Toleranz für einen netten Umgang beitragen.

Hoffentlich »öffnen sich die Augen« bei recht vielen Frauen durch ihre Initiative, so daß manche Schwiegermutter von der Härte und Unrechttuerei an ihrer Schwiegertochter abläßt. Ich wünsche mir hier viel mehr Frieden und Intelligenz, denn es geht doch stets um die eigene Familie, und da sollte man für jeden – auch für eine Schwiegertochter – nur das Beste tun.

Liebe Grüße *Renate F.*

Das Verhalten der Spezies »Böse Schwiegermutter«

Wir haben in den vorhergehenden Kapiteln erfahren, was für Gefühle sich in der Schwiegertochter aufstauen. Um eine Erklärung für diesen Gefühlswirrwarr zu finden, ist es unumgänglich, die Verhaltensweisen der Extremschwiegermütter aufzuzeigen. Viele Schwiegertöchter weigern sich im Unterbewußtsein, sich das Verhalten ihrer Schwiegermutter bewußtzumachen und sich damit auseinanderzusetzen. Ihr Verstand – oder sagen wir besser, ihr Gefühl – erlaubt es nicht, einmal klar die Strukturen der Schwiegermutter zu erkennen. Um mich aber dauerhaft mit dem Problem auseinandersetzen und eine Lösung finden zu können, ist es notwendig, sachlich zu betrachten, mit wem ich es zu tun habe. Vielen Schwiegermüttern, die ständig unter dem negativen Image der bösen Schwiegermutter leiden, werden hier klar erkennen, daß sie nicht gemeint sind und bestimmt nie diese extremen Verhaltensmuster zeigen werden. Schwiegertöchter hingegen, die einfach unzufrieden sind mit der Schwiegermutter und jammern, daß diese böse ist, werden sich vielleicht in Zukunft besser überlegen, daß sie gar keine so schlechte Schwiegermutter haben und ganz zufrieden sein können.

Nachdem ich das Verhalten so vieler einzelner Schwiegermütter beobachtet habe, fällt es mir schwer, sie in Gruppen einzuteilen. Es kann vorkommen, daß eine Intrigantin genauso auch als Übermutter in Erscheinung tritt. Auch die ständig Leidende kann intrigieren. Die Kluge und Erzieherische ist zu Terror genauso fähig wie die Treusorgende zu tätlichen Angriffen. Auch vom Aussehen oder der Bildung her läßt sich keine potentiell böse Schwiegermutter ausmachen. Wir finden angesehene Geschäftsfrauen genauso wie die ortsbekannten sogenannten Ratschkatteln. Einfache Hausfrauen sind ebenso vertreten wie Akademikerinnen. Allen gemeinsam ist, daß mir ihre Schwiegertöchter durchweg berichten, ihre Schwiegermutter habe selber kein schönes Leben gehabt. Unzufrieden in der Ehe, selbst »Opfer einer dominanten Schwiegermutter«, perfekt in der aufopfernden Frauenrolle, hingebungsvoll engagiert im Haushalt und der Kindererziehung, haben die meisten kein für sie befriedigendes eigenständiges Leben geführt. Alle Interessen lagen nur in der Familie und den Erwartungen an die Kinder. Wegen eben dieser Kinder haben viele jedes eigenverantwortliche Leben aufgegeben und ihre Wünsche und Erwartungen nur noch auf die Kinder projiziert. Der Satz »*Wegen dir hab ich das alles ausgehalten*« suggeriert dem Kind von klein auf die Verpflichtung, die Zeche zu bezahlen, die manche Mutter mit ihrem Bestreben nach Versorgung und einem Ehemann (ohne den die ordentliche Frau ja nur die Hälfte wert ist) hinterlassen hat. Die einzelnen Verhaltensweisen dieser Schwiegermütter werde ich Ihnen nun aufzeigen.

◆ ***Erziehen wollen:*** Dabei maßen sich die Schwiegermütter mit Selbstverständlichkeit an, ihre Schwiegertochter erziehen zu müssen. Schließlich haben sie ja die Erfahrung und wissen als einzige, was der Sohn und seine Familie brauchen und was ihnen guttut. Sie können und wollen nicht akzeptieren, daß die Schwiegertochter selber von ihrer Mutter gelernt hat oder über eigene Erfahrungen verfügt.

Dieses Erziehen hört selbst dann nicht auf, wenn die Enkel schon erwachsen sind. Noch im Alter von fünfzig oder sechzig Jahren werden der Sohn und die Schwiegertochter als unfähig eingestuft. So z. B. von einer Augsburger Schwiegermutter (ich werde im nächsten Kapitel ausführlich über meine Erfahrungen mit ihr berichten), die sich selbstherrlich »Schwieger-Tiger« nennt und in einem anonymen Brief die jungen Eheleute unbedarft nennt. Wörtlich heißt es in diesem Brief außerdem: *»Lächerlich ist doch die Antwort auf die Frage, wenn Enkel sie anführen: ›Mama, du kannst nicht kochen.‹ Vielleicht kann sie es wirklich nicht! Evtl. hat sich der Vater schon so geäußert!!, und Mutters Küche gelobt.«* Diese Frau ist beinahe krankhaft von ihrer übermächtigen Erfahrung und vom Recht, diese auch andauernd und penetrant an die Schwiegertochter weiterzugeben, besessen. Das zeigt sie mir auch immer wieder durch die zahlreichen telefonischen Versuche, mich von ihren Tugenden zu überzeugen. Selbstverständlich läßt sie keinen Zweifel daran aufkommen, ihren Sohn bestens erzogen zu haben, spricht ihm aber gleichzeitig jede Fähigkeit ab, sein Leben selber zu gestalten und zu verantworten. Traut sie etwa doch ihren eigenen Erziehungsmethoden oder dem Erfolg ihrer Erziehung nicht? Frauen dieser Art können nicht dulden, daß eine jüngere Frau ihre eigenen Vorstellungen hat und ihre Fehler gern selber machen will. Der Jungen wird jede Fähigkeit abgesprochen, ihre Familie selbständig zu führen.

Bestimmt ist jede von uns für einen guten Ratschlag dankbar. Auch ich habe gerade von der älteren Generation schon viele wertvolle Tips erhalten. Tag und Nacht ungefragt mit Belehrungen und Ratschlägen um sich zu werfen und auch noch zu verlangen, daß sich die Schwiegertochter sofort danach richtet, geht jedoch entschieden zu weit.

◆ ***Eifersucht:*** Wir finden den Grund der Eifersucht darin, daß die andere einfach jünger ist und den nach Schwiegermutters ureigenen Bedürfnissen geformten Sohn wegnimmt. Kommt noch dazu, daß die Schwiegertochter lebenslustig ist und vielleicht auch noch eine gute Ausbildung hat, so macht sie sich die Schwiegermutter schnell zum Feind. Zusätzlich wurde der Sohn sehr oft als Mannersatz oder Leibeigener herangezogen, und nun will frau nicht mit einer Konkurrentin teilen. Das Problem Schwiegertöchter-Schwiegermütter ist auch ein Problem, das mit der Konkurrenzsituation unter Frauen zusammenhängt.

Da die Schwiegertochter naturgemäß mit ihrer Mutter ein inniges Verhältnis hat, erweckt sie dadurch Schwiegermutters Eifersucht. Seltsamerweise ist die Schwiegermutter ebenfalls eifersüchtig auf die Mutter, wenn die Schwiegertochter angibt, keinen so guten Kontakt zur eigenen Mutter zu haben. Sofort nach der Eheschließung wird von vielen jungen Frauen erwartet, ihre eigenen Eltern in die Wüste zu schicken und nur noch die neue Familie zu lieben. Unverzüglich sollen wir uns der Schwiegermutter völlig anvertrauen, ihr alles Persönliche mitteilen. Es wird erwartet, uns möglichst total in die Hände und unter die Fuchtel der Schwiegermutter zu begeben. Noch dreißig Jahre später wird es der Schwiegertochter nachgetragen, daß sie eine Mutter hat und mit ihr spricht.

◆ ***Egoismus:*** Wie oft hören wir den Spruch: *»Schließlich habe ich die Kinder ja nur großgezogen, damit sie mich im Alter versorgen!«* Der Ausspruch: *»Wozu habe ich denn Schwiegertöchter?«* ist mehr Befehl als Feststellung. Beobachten wir unsere Problemschwiegermütter, stellt sich bei mir der starke Verdacht ein, daß die meisten von ihnen ihre Kinder nur zu ihrer Bequemlichkeit und Unterhaltung aufgezogen haben. *»Du mußt doch gehorchen, ich bin doch deine Mutter!«*

Geschenke und finanzielle Unterstützung bekommen wir nicht als Zeichen der Sympathie, sondern kalkuliert untergejubelt. Ewige Dankbarkeit und Demut sind als selbstverständlich anzusehen. Wehe dem, der ernsthaft annimmt, er ist beschenkt worden, damit er sich freut: *»Ihr habt mein Geld bekommen, also bestimme ich auch in Zukunft alles, was bei euch geschieht.« – »Für mein Geld erwarte ich, daß ihr Tag und Nacht für mich springt und mir Zerstreuung bietet.«* So kommt es oft vor, daß die willkommene und vielleicht dringend benötigte Unterstützung durch die Schwiegermutter von dem jungen

Ehepaar sehr teuer bezahlt werden muß – nämlich durch absolute Unterwerfung.

Reagieren die Kinder nicht mehr auf diese eigennützige Zuwendung und ziehen sich mehr zurück, folgt prompt: »*Wenn ihr euch nicht um mich kümmert, werde ich mich umbringen!*« Sofort wird neuer Druck erzeugt, um sich selbst durchzusetzen. Dieser Druck kommt sowohl durch die Vorwürfe der Schwiegermutter persönlich als auch durch die ganze Verwandtschaft, der sich die arme Verlassene sofort und ausgiebigst anvertraut. Auf den Pfennig genau bekommen Verwandte, Bekannte und Nachbarn aufgezählt, was die Kinder wann und wo bekommen haben. »*Und dabei sind die so undankbar. Nur zum Geben bin ich recht. Die Kinder sind nur berechnend und erfüllen mir nicht mal die kleinste Bitte!*«

Auch mit Krankheit und Schlaflosigkeit als Druckmittel versucht die Schwiegermutter ihren Egoismus zu befriedigen. Im Umfeld wird verbreitet, daß sich die ungezogenen Jungen nicht genügend um die Mutter kümmern, im Gegenteil, daß sie die Zustände verschlimmern, indem sie die Gute furchtbar aufregen. Was wiederum zur Folge hat, daß die Kinder unter Druck geraten und so spuren, wie Mutter will.

Gerade der moralische Druck, dem wir im Klischee vom artigen Kind ausgesetzt sind, wird nach allen Regeln angewandt: »*Nicht mal meinen eigenen Sohn darf ich anrufen, das hat mir meine Schwiegertochter verboten.*« – »*Stundenlang stehe ich an der Haltestelle und warte auf meinen Sohn, damit ich wenigstens mal mit ihm sprechen und ihn sehen kann.*« – »*Mein Sohn darf seine Mutter nicht besuchen*«. Jegliche Feinheit und Raffinesse der psychologischen Beeinflussung wird gebraucht. Erstaunlich ist es in diesem Zusammenhang, daß die klischeehafte Darstellungsweise der Verfehlungen in allen Aussagen, Briefen und Dokumenten, die mir vorliegen, völlig gleich ist. Immer wieder ist bei solchen Druckmitteln zu hören und lesen: »*Wie kannst du mir das antun? Das habe ich nicht verdient!*

Mir bricht das Herz, wenn ich andere Mütter mit ihren Söhnen sehe. Schließlich habe ich alles für dich getan, und nun das! Es ist traurig, wenn du deine Mutter wegen so einer wegwirfst!« Manche Schwiegermütter entwickeln sich im Laufe der Zeit zu wahren Meistern im Blenden der Mitmenschen. Wem wird das Herz nicht weich, wenn einem erzählt wird, wie abscheulich Mutter, die Arme und Kranke, von ihren Kindern und Schwiegerkindern abgeschoben wird?

◆ ***Einmischen:*** Als Grundlage der zahlreichen Versuche, sich ständig und penetrant in das Leben der jungen Familie einzumischen, wird hauptsächlich die mangelnde Erfahrung benutzt. »So wie ich es euch sage, ist es richtig«. Die Schwiegertochter bekommt unter die Nase gerieben, daß ihre eigene Familie nicht viel wert ist, die Schwiegermutter ihr aber schon beibringt, wie Schwiegermutters Familie auszusehen hat. Ohne die ausführliche »Beratung« mit der Schwiegermutter darf keine Entscheidung gefällt werden. Selbstverständlich müssen die Vorschriften und Ratschläge der Älteren ausgeführt werden. Als Kontrollorgan überwacht die Schwiegermutter, ob ihre Vorgaben auch wirklich erfüllt werden. Das kann soweit gehen, daß der Sohn und seine Frau nicht mal bestimmen können, welche Fliesen sie im Bad ihrer Wohnung haben möchten. Diktatur pur!

◆ ***Kein Unrechtsbewußtsein:*** Diese Unart haben durchweg alle »bösen Schwiegermütter« gemein. Als Standardsatz gilt dabei: *»Ich hab's doch nur gut gemeint!«* Überwachung und Spionieren wird als »gut meinen« getarnt. Beim Lesen der Kontoauszüge ist die Sorge um das Wohlergehen der Jungen die treibende Kraft. Schließlich muß sich die Schwiegermutter vergewissern, daß es dem Sohn auch wirklich gutgeht. Ist mal das Telefon zwanzig Minuten besetzt und Nachbarn klingeln im Auftrag der Schwiegermutter, was denn passiert sei, kommt garantiert der Satz: »*Ich habe mir solche Sorgen gemacht, daß euch etwas passiert ist.*« Bekommt man dann sofort einen wichtigen Auftrag, der sich nicht verschieben läßt, ist doppelt leicht zu durchschauen, worum sich Mutter Sorgen gemacht hat. Diese Frauen meinen es auch nur gut, wenn sie ihre Schwiegertochter erziehen, an ihr rummäkeln und sie durch den Kakao ziehen.

Hildegard: *Schon als ich den ersten Kontakt mit meiner Schwiegermutter hatte, hat sie mir über einen ihrer Söhne berichtet, der es furchtbar schlecht mit seiner Frau getroffen habe. Diese sei unfähig, primitiv und nicht in der Lage, mit Geld umzugehen. Herrschsüchtig gegenüber ihren Kindern und total putzsüchtig sei sie. Lange Zeit hatte ich ob dieser Darstellung meiner Schwägerin starke Vorbehalte gegen die junge Frau. »Einmal hat mir sogar einer meiner Enkel gesagt, seine Mutter hätte ihm aus einem Versteck fünfzig Mark gestohlen«, erzählte mir die Schwiegermutter, um meine Ablehnung gegen die Schwägerin in Gang zu halten. Später, als diese Schwiegertochter sich von ihrem Ehemann trennte und somit den Schoß dieser lieben Familie verließ, hat genau diese Schwiegermutter zu mir gesagt: »Ich habe sie doch immer geliebt wie eine Tochter.«*

Selbst noch so bösartige Verleumdungen werden mit: »*Ich habe doch nicht …*« abgeschmettert. Die meisten von uns kennen auch folgende Sprüche auswendig: »*Wie konnte ich wissen, daß der XY alles weitererzählt, der hätte nur seinen Mund zu halten brauchen. Außerdem muß der ganz ruhig sein, der hat selber genug Dreck am Stecken. – Nein, so habe ich es der nicht erzählt, das ist erlogen. – Seit Wochen habe ich mit niemandem mehr geredet, ich gehe ja kaum aus dem Haus und habe keine Kontakte.*« Mit diesen Aussagen ist jede weitere Diskussion im Keim erstickt. Mutter hat ja nicht, ein anderer ist der Böse. Selbst wenn, wie es sehr häufig vorkommt, ganze Familien gegeneinander ausgespielt werden, ist immer ein anderer schuld.

Versuchen wir, gegen diese Mauer aus »gutgemeint« und »hab doch nicht« anzugehen, ist das wie der Kampf mit Windmühlen. Ausdiskutieren oder auch mal ausstreiten wird unmöglich gemacht. Als letzter Kampftrumpf wird, wenn wir zu massiv auf Gerechtigkeit bestehen, ein Heulkrampf eingesetzt: *»Ich hab euch doch nichts getan und verstehe gar nicht, warum ihr so gemein mit mir umspringt.«* Wir stehen zum x-ten Mal im Regen und streichen als die Dummen die Segel.

Viele dieser Verhaltensstörungen lassen sich auch auf die Kindheit der Schwiegermutter zurückführen. Haben wir als Werte Ehrlichkeit, Zurückhaltung und Offenheit mitbekommen, heißt das noch lange nicht, daß diese Eigenschaften von der Schwiegermutter genauso gesehen werden. Konnte sich eine Frau als Kind bei ihren Eltern nur Beachtung verschaffen, wenn die Geschwister gegeneinander ausgespielt wurden, ist es nicht verwunderlich, wenn sie es auch als Erwachsene mit der Wahrheit nicht so genau nimmt. Ist sie es nicht gewohnt gewesen, sich immer so durchzumogeln? *»Kleine Notlügen sind erlaubt.«* Und wenn die Schwiegermutter Aufmerksamkeit und Beachtung will, dann ist sie im Notstand. Aus kleinen Unaufrichtigkeiten als Kind wird im Erwachsenenalter ein ganzes Netzwerk aus Lügen. Erstaunlich ist es, daß so manche Schwiegermutter verschiedene Versionen ihrer schlimmen Geschichten erzählt. Je nachdem, wie der Zuhörer reagiert oder auf was er am besten anspringt. Konfrontieren wir die Schwiegermutter mit dem Rücklauf einer solchen Geschichte, erkennt sie sofort, um welche Version es sich handelt und wo demnach die »undichte Stelle« zu finden ist. Ohne einen Namen genannt zu haben, erfahren wir sofort, wer da gelogen hat. Nichtsdestotrotz ist die Problematik mit solch einer Schwiegermutter auch die Problematik der Schwiegertöchter, die sich kleinmachen lassen. Es ist offensichtlich, daß ein Weg heraus aus solch einer Konstellation dornenreich ist.

Ähnlich verhält es sich auch mit dem »Gutmeinen«. Wenn die Schwiegermutter es gut meint, tut sie selbstverständlich nur Gutes. Es kann gar nichts böse sein, wenn sie es gut meint. Jede Demütigung ist erlaubt, wenn der Deckmantel des »Gutmeinens« darübergebreitet wird. Letztendlich müssen wir auch noch froh und dankbar dafür sein, daß Mutter es so gut mit uns meint. Wie edel und selbstgefällig ist doch eine Person, wenn sie sich nur von Gutem leiten läßt, das merkwürdigerweise immer Vorteile für sie bringt.

◆ ***Leidensdruck:*** Jemandem zu sagen: *»Es geht mir gut«* scheint für etliche Menschen und somit auch etliche Schwiegermütter unmöglich zu sein. Anscheinend sind sie der Meinung, für die Mitmenschen nur interessant zu sein, wenn sie jammern. Natürlich darf es, um den Status des Leidenden aufrechtzuerhalten, auch in den Familien der Söhne nur Tragödien geben. Die Berichterstattung fällt deshalb stets negativ aus. Auch innerhalb der eigenen Familie wird durch diese negative Berichterstattung Unfrieden gestiftet. Irgendwann in seinem Leben hat dieser Mensch die Erfahrung gemacht, daß jeder mehr Aufmerksamkeit bekommt, wenn er krank ist. Daraus entwickelte sich der Trugschluß, daß einem nur Anerkennung zuteil wird, wenn man leidet. Besonders tragisch ist diese Leidensmasche, da die Frauen dadurch absolut nichts Positives in ihrem Leben sehen können. Die ganzen schönen Dinge des Lebens sind ihnen verschlossen. Anstatt sich an einer schönen Blume zu freuen, verziehen sie die Nase und beschweren sich, wie sehr die Blume stinkt. Machen wir mit einer solchen Frau einen wunderschönen Ausflug, so jammert sie nur, wie schlecht sie im Auto gesessen hat. Gehen wir freundlich und fröhlich mit dieser Schwiegermutter um, werden wir als aufdringlich und mit einem saudummen Gelächter beschrieben. Nehmen wir

Schwiegermutter zum Einkaufen mit, so muß sie wegen uns mitkommen. Nehmen wir sie nicht mit, jammert sie, daß sie nicht mal das Nötigste zum Essen hat.

Im Endeffekt zielen diese ganzen Leidensgeschichten nur darauf ab, sich gekonnt in Szene zu setzen. Als Untermalung hören wir dann ständig Sätze wie: *»Ich kann vor Kummer nicht schlafen ... meine Schwiegertochter ist so unverschämt, daß ich es mit dem Herz bekommen habe.«* Auf jeden Versuch der Jungen, sich zurückzuziehen, folgt eine dramatische Verschlimmerung des Gesundheitszustandes der Ärmsten.

◆ ***Anforderungen stellen, die keiner erfüllen kann:*** Springen Sohn und Schwiegertochter schon nach der ersten »Bitte«, war es garantiert nicht schnell genug. Ohne Rücksicht, daß der Sohn selber Familie und Verpflichtungen hat, sollte er möglichst seine Freizeit bei der Mutter verbringen. Reparaturen sind gestern auszuführen. Hat der Sohn mal keine Zeit, wird die Schuld der Schwiegertochter in die Schuhe geschoben: »Die ist eifersüchtig und läßt meinen Sohn nicht zu mir.« Wobei die Aufträge und Handreichungen Dimensionen annehmen, die wirklich keiner mehr erledigen kann. Wird der Sohn von so mancher Mutter gebeten, natürlich zu einer völlig unpassenden Zeit, z. B. Sonntagmittag beim Essen, schnellstens vorbeizukommen, um eine Glühbirne auszutauschen, gibt ihm die kluge Schwiegertochter am besten einen Koffer mit Rasierzeug, Schlafanzug und Kleidung für die nächste Woche mit. Kommt der Sohn, unser Ehemann, nach Stunden mit hängender Zunge und einer mächtigen Wut im Bauch nach Hause, hören wir Tage später, daß genau dieser Sohn für seine Mutter absolut nichts macht. Wir sehen hierbei, daß das Problem Schwiegermutter auch klar ein Problem der Söhne ist, die sich manchmal nur allzu gerne den auftauchenden Schwierigkeiten mit der Mutter entziehen.

Eine unliebsame Überraschung haben viele von uns erlebt,

wenn sie von ihrer Schwiegermutter in irgendeiner Sache um ihre Meinung gefragt werden. Sagen wir nichts dazu, haben wir kein Interesse und kein Mitgefühl. Plappern wir aber unbefangen drauflos, wie wir die Sache sehen, bevormunden wir diese Frau. Wir können nicht gewinnen.

Als unverschämt werden wir bezeichnet, sollten wir versuchen, den Familienfrieden doch noch zu retten, indem wir unsere Schwiegermutter darum bitten, nicht mehr zu lügen oder die Geschwister und Verwandten nicht gegeneinander auszuspielen. Wir können dabei lernen, wie sich eine gebildete und liebe ältere Frau ausdrücken kann. Die Umgangssprache, deren sich manche Schwiegermutter dabei bedient, ist bestimmt nicht von schlechten Eltern, und Enkelkinder würden hart bestraft, wenn sie nur einen der Ausdrücke benutzen würden. Dies ist eine der wenigen Gelegenheiten, bei denen die Maske fällt und wir mit größter Irritation reagieren, wenn »Mutter« loslegt wie ein Gassenjunge.

Wenn all unsere Bemühungen nicht fruchten und wir uns entschließen, Abstand zur Schwiegermutter zu halten, kommt der Vorwurf, daß wir uns nicht um die alte Frau kümmern und die Ärmste total im Stich lassen. Auch dem Umfeld wird dieses Leiden unter Ausnutzung sämtlicher moralischer Mittel kundgetan. Da heißt es dann etwa so: *»Ich arme, alte, kranke Frau muß stundenlang an der Bushaltestelle stehen und warten, nur um meinen Sohn sehen zu können.«* Dabei hat die Schwiegertochter mit keinem Wort erwähnt, daß die alte Dame ihren Sohn nicht anrufen oder sehen darf. Auch daß sie die geschäftliche Telefonnummer ihres Sohnes hat und dort jederzeit anrufen kann, verschweigt die Schwiegermutter geflissentlich.

Ein Beispiel von vielen: Schwieger-Tiger

Um zu demonstrieren, wie weit eine dieser Extremfrauen gehen kann, wie viel Energie und Raffinesse hinter der Fassade einer netten älteren Dame stecken können, habe ich eine von den vielen Geschichten ausgewählt, die mir bei meiner bisherigen Arbeit passiert sind.

Meine erste Begegnung – das heißt, Begegnung ist etwas übertrieben, denn ich habe diese Frau bis heute noch nie gesehen –, also meinen ersten Kontakt mit ihr hatte ich am 21. April 95. An diesem Tag war die erste Veröffentlichung in der »Augsburger Allgemeinen« mit dem Titel »Probleme mit dem Schwieger-Tiger«. Nachdem sich bereits am Morgen einige Schwiegertöchter gemeldet hatten, kam am Vormittag der Anruf einer älteren Dame, die sich mit den Worten: »Hier spricht einer der Schwieger-Tiger« meldete. Sehr genau erkundigte sie sich bei mir, ob meine Initiative wieder auf das Klischee der »bösen Schwiegermutter« abziele. Nachdem ich ihr meine Beweggründe genannt hatte, sagte sie: »Aber Sie wissen schon, daß es auch ›böse Schwiegertöchter‹ gibt!« Und dann erzählte sie mir von ihrer eigenen Schwiegertochter und deren Verfehlungen ihr gegenüber. Hatte ich das Gespräch zuerst als anregend empfunden, so kamen mir langsam die Geschichten über die Schwiegertochter stark überzogen vor. Gewiß, die Frau hatte eine feine und gebildete Ausdrucksweise, aber dennoch – irgendwie war ich nicht davon überzeugt, daß sie zu der Kategorie der leidenden Schwiegermütter gehörte. Zu massiv versuchte sie, mich von ihren Tugenden zu überzeugen. Das Gespräch zog sich neunzig Minuten hin. Nachdem das Telefonat beendet war, dachte ich mir: »Oh, oh, die Schwiegertochter dieser Frau möchte ich auch nicht gerade sein.« Fast jeden Tag rief der Schwieger-Tiger nun bei mir an. Sie wollte wissen, was sich so tat. Wie viele Frauen sich gemeldet hatten, und was die alles so zu erzählen hätten. Kurz gesagt, sie versuchte mich auszuhorchen. Natürlich versäumte sie es bei keinem der Gespräche, ihre Schwiegertochter zu denunzieren. Nach ein paar Tagen war ich mir sicher, daß diese Frau ein großes Problem mit sich bzw. mit der überheblichen Meinung über sich selbst hatte.

Da sich die erste Gruppe Schwiegertöchter sehr schnell zusammengefunden hatte, stand eine gute Woche später unser erstes Treffen bevor. Am Telefon hatte ich Schwieger-Tiger nur vage erzählt, daß wir uns in den nächsten Tagen treffen würden. Dabei erzählte ich ihr von meiner Freude darüber, daß uns eine Pfarrei in Augsburg Gastfreundschaft gewährte. Ab diesem Gespräch läutete jeden Abend zu verschiedenen Zeiten das Telefon. Kaum hob ich den Hörer ab und meldete mich, wurde gleich aufgelegt. Ich hielt das nicht für weiter verwunderlich, da meine Telefonnummer ja in der Zeitung gestanden hatte. Nun kam der Tag des ersten Gruppentreffens, und ich fuhr etwas aufgeregt los.

Als ich abends nach Hause kam, empfing mich mein Mann etwas ungehalten: »Du«, sagte er, »während du weg warst, hat mich eine ältere Dame angerufen und furchtbar genervt. Über eine Stunde hat sie mich bearbeitet. Warum ich als Mann so etwas dulde. Ich als dein Mann sollte deinem Gebaren doch Einhalt gebieten. Es gehört sich nicht, Familiendinge in die Öffentlichkeit zu tragen usw. usw.« Anhand von Geschichten über ihre Schwiegertochter, die sie sowohl mir als auch meinem Mann erzählt hatte, konnten wir sie als die Frau, die sich Schwieger-Tiger nennt, identifizieren.

Einige Tage später erfuhr ich durch Zufall, daß eine ältere Dame bei verschiedenen Augsburger Pfarreien angerufen hatte, um sich zu erkundigen, ob wir uns bei ihnen treffen. Den Gesprächsinhalten nach konnte ich wieder eine Parallele zu Schwieger-Tiger erkennen. Um die Schwiegertöchter vor zu neugierigen Schwiegermüttern zu schützen, sind wir nie mehr in dieser oder einer anderen Pfarrei zu Gast gewesen. Auch wollte ich nicht, daß die Pfarrei durch uns Ärger bekam. Schließlich kannte ich die bohrenden Gespräche mit Schwieger-Tiger selber nur zu gut und wußte, wieviel Nerven diese kosteten.

Als der zweite Artikel über die Gruppe bundesweit verbreitet wurde, nahmen die Anrufe überhand. Die ständigen Störungen wurden unerträglich. Da wir zuerst nicht wußten, wie wir diesen Ansturm in den Griff bekommen konnten, haben wir kurzerhand unser Telefon abgemeldet. Von der Frauenbeauftragten der Stadt Augsburg hatte ich in der Zwischenzeit schöne und gemütliche Räumlichkeiten für unsere Treffen zur Verfügung gestellt bekommen. Da viele Frauen auf den telefonischen Kontakt angewiesen waren, weil sie ohne Rechenschaft nicht aus dem Haus gehen können, durfte ich auch stundenweise das Telefon eines Vereins benutzen, damit mich die Frauen anrufen konnten. Diese Nummer wurde zusammen mit den Sprechzeiten veröffentlicht.

Nun kam Schwieger-Tiger wieder ins Spiel. Die erste Anruferin am Kontakttelefon war – sie. Das Gespräch verlief im gewohnten Rahmen: »Hier spricht der Schwieger-Tiger. Was habt ihr denn da alles zu reden? Aber die Älteren wissen und können doch viel mehr. Da werden die Jungen doch nur aufgehetzt.« Als ich ihr einige ganz gravierende Fälle schilderte, stimmte sie mir zwar zu, daß so was nicht ginge, erzählte aber im Gegenzug, daß ihre Schwiegertochter ja noch viel schlimmer sei. Ja, und dann bat sie noch, zu einem der Treffen kommen zu dürfen, damit sie sich davon überzeugen könne, ob ihre Schwiegertochter auch da sei, denn der würde sie schon zutrauen, daß sie kommt und fürchterlich über sie herzieht. Obwohl ich zu diesem Zeitpunkt in der Zeitung als Dorothea S. genannt wurde und noch niemandem meinen Namen bekanntgegeben hatte, verwunderte es mich nicht im geringsten, daß mich Schwieger-Tiger bei diesem Gespräch mit meinem richtigen Namen ansprach.

Sicher fragen Sie sich, warum ich mich nicht gewundert habe. Ganz einfach, diese Frau hätte Agatha Christies »Miß Marple« alle Ehre gemacht. Wie intelligent und verbissen, fast schon fanatisch sie an die Sache rangegangen ist, war schon erstaunlich. Aber der Reihe nach: Auf die mehrfache Berichterstattung in meiner Heimatzeitung hin wurden verschiedene Leserbriefe zu dem Thema veröffentlicht. So war einmal ein kritischer Brief abgedruckt, dessen Absender einige hundert Kilometer entfernt wohnt. Da der Wohnort garantiert nicht mehr im Einzugsgebiet der Zeitung liegt, hat Schwieger-Tiger kombiniert: Wenn jemand von so weit weg auf diese Berichte reagiert, könnte es doch vielleicht einen Zusammenhang geben. Irgendwo könnte da eine Verbindung nach Augsburg bestehen. Was soll ich sagen: Sie hat die Telefonnummer des Absenders ermittelt und nachgeforscht. Bei dem folgenden Telefonat sprach sie ihr Entsetzen über meine Aktion aus. Nachdem sie noch ihre Verachtung über mein Verhalten in der Öffentlichkeit kundgetan hatte, fiel es ihr nicht schwer, den Leserbriefschreiber zu übertölpeln, um die nötigen Informationen über die Schwiegermutter und mich zu erhalten. Daraufhin wiederum hat sie sich als mitfühlende Seele an meine Schwiegermutter gewandt und dort ihre Anteilnahme ausgesprochen. Sie hat der Schwiegermutter die Ablehnung meiner Person vorgegaukelt, um so ihr Vertrauen zu erringen. Durch raffiniertes Aushorchen gelang es ihr natürlich noch, weitere Details zu erhalten.

Wie ich darauf kam? Bei jedem Gesprächspartner hat sie sozusagen ihren Fingerabdruck hinterlassen. Es war eine Geschichte über ihre Schwiegertochter, die immer wieder auftauchte. So hat der Absender des Leserbriefes, um seiner Kritik an meiner Initiative mehr Nachdruck zu verleihen, in einem Gespräch mit mir erwähnt, daß ihn sogar eine Augsburgerin angerufen habe, die mit meinem Verhalten nicht konform geht. Und eben diese Geschichte von ihrer Schwiegertochter hatte sie ihm auch noch erzählt.

Über Dritte bekam ich auch mit, daß Schwiegermutter sowohl diese Geschichte kannte als auch angebliche Inhalte von Gesprächen, die ich mit Schwieger-Tiger geführt hatte. So hatte ich anfangs z. B. erwähnt, daß ich für unser erstes Gruppentreffen vier Anmeldungen hatte, daß wir also vier Frauen sein würden, die sich da trafen. Mit niemandem sonst habe ich über die Zahl der Teilnehmerinnen gesprochen. So war es etwas merkwürdig, daß genau dies von der Schwiegermutter weitererzählt wurde. Was allerdings Schwieger-Tiger nicht wissen konnte und deshalb falsch weitergab, war die Tatsache, daß es kurzfristig noch weitere Interessentinnen gegeben hatte und wir mehr Frauen waren. In der Folgezeit konnte ich immer wieder Anzeichen feststellen, daß Schwieger-Tiger mit Schwiegermutter Kontakt aufgenommen hatte. Ließ ich, und ich gebe zu meiner Schande zu, dies getan zu haben, einer der Beteiligten eine Falschmeldung zukommen, wußte es die andere auch. Ich bekam mit, daß Schwieger-Tiger kräftig aufmischte und Stimmung gegen mich machte. Die Schwiegermutter bekundete nach einiger Zeit, daß sie von der ihr unbekannten Anruferin ziemlich genervt sei. Wie ich erfuhr, hatte sie angeblich einmal sogar mitten im Gespräch aufgelegt, um die lästige Anruferin loszuwerden. Daraufhin hat Schwieger-Tiger gleich nochmal angerufen und gesagt: »So nicht, wir sind noch nicht fertig!«

Wenn sie mit mir sprach, tat Schwieger-Tiger nach wie vor sehr freundlich. Hatte sie gemeint, ihr doppeltes Spiel würde nicht auffallen? Ihre Sticheleien und Bosheiten hinter meinem Rücken bekam ich, zwar über zehn Ecken, doch immer wieder zu hören: »Diese Frau sagt das auch. Das hat mir diese Frau erzählt.« Dann diese ständigen Versuche, mich von ihrer menschlichen Größe zu überzeugen. Im nachhinein muß ich sagen, das war schon ganz schön massiv, wie Schwieger-Tiger da versuchte, die Familie aufzumischen. Als der Schleier gefallen war und Schwieger-Tiger wußte, ich konnte ihre Kontakte nachvollziehen, bekam ich von ihr nun die Inhalte ihrer Gespräche sowohl mit dem Leserbriefschreiber als auch mit der Schwiegermutter bis ins kleinste Detail mitgeteilt. Natürlich erfolgte die Darstellung ihrer Beteiligung nur positiv, während der Briefeschreiber und die Schwiegermutter negativ bedacht wurden.

Damit ist das Kapitel aber noch längst nicht geschlossen. Ich habe schon die Telefonnummer eines Vereins erwähnt, die ich stundenweise benutzen durfte. Schwieger-Tiger hat außerhalb meiner Sprechzeiten dort angerufen, um herauszufinden, wer sich unter dieser Telefonnummer sonst meldet. Schnell hatte sie den Namen des Vereins herausgefunden, und es war nur noch ein Klacks für sie, auch die Adresse zu ermitteln. Flugs hat sie sich dann zu dieser Adresse auf den Weg gemacht, um herauszubekommen, ob und wann wir uns dort trafen. Bei anderen Hausbewohnern hat sie sich über uns erkundigt. Leider waren diese nicht informiert, und sie mußte unverrichteter Dinge wieder abziehen. Auch dieser »Schnüffelgang« wurde mir mitgeteilt.

Durch die Klagen der Schwiegermutter, die ich nur über Dritte zu hören bekam, und durch dieses penetrante Hinterherschnüffeln und Auf-mich-Einreden wurde ich langsam wirklich sauer auf Schwieger-Tiger. Daß die Schwiegermutter durch die Indiskretion des Leserbriefschreibers so unter Druck gesetzt wurde, wollte ich nicht zulassen. Auch dieses ständige »im Dreck wühlen« und die sowieso schon unter Belastung stehende Familie immer und immer wieder gegeneinander auszuspielen – es wurde mir zuwider. Das sagte ich auch Schwieger-Tiger am Telefon und drohte außerdem mehrfach mit einer Strafanzeige, wenn sie ihre Telefonattacken nicht einstellen würde. Zuerst versuchte sie noch, ihre Beteiligung abzustreiten, konnte sich dann aber den Fakten nicht entziehen. Sie versuchte zwar, die Schwiegermutter als treibende Kraft hinzustellen, und Gesprochenes in ihrem Sinne zu verdrehen, aber das habe ich ihr bis heute nicht abgekauft. Mehr noch,

Schwieger-Tiger scheute sich nicht, als ich sie auf ihre Kontakte mit meiner Schwiegermutter ansprach, diese als Lügnerin hinzustellen. Eine ganze Liste von Dingen, die nicht sie, dafür aber angeblich die Schwiegermutter gesagt hatte, ließ sie auf mich los. Nur – so ein schlechtes Gedächtnis habe ich auch nicht, und so wußte ich vom ersten Moment an, daß es zum Großteil die »Wahrheiten« waren, die ich ihr erzählt hatte, um sie zu testen. Teilweise handelte es sich auch um Aussagen, die sich Schwieger-Tiger selber irgendwie zusammengereimt hatte. Jetzt war mir klar, daß sie bereit war, um ihre Machenschaften zu vertuschen, notfalls die Schwiegermutter als Schuldige über die Klinge springen zu lassen. Durch ihre Art, sich zu verteidigen, ohne angegriffen worden zu sein, hat sie mir manches erzählt, was mir bis dahin noch neu war.

Als ich energisch forderte, daß sie ihr Intrigieren lassen sollte und ich sie zur Verantwortung ziehen würde, hat sie ihre Anrufe an mich reduziert, und auch von der Dritten im Bunde war nicht mehr viel zu hören. Was aber nur daran lag, daß jetzt bekannt war, daß es eine gewisse Rückkopplung zu mir gab und deswegen Vorsorge getroffen wurde.

Eine Zeitlang wurde es ruhiger, und ich glaubte, Schwieger-Tiger hätte ihre Aktivitäten aufgegeben. Im Fernsehen war ich öfters als Studiogast präsent, um über die Schwiegertöchter-Initiative zu berichten. Schwieger-Tiger aber entging nichts. So hat sie am 14. 08. 95 einen anonymen Brief an mich geschrieben, als sie sich mal wieder über einen meiner Auftritte geärgert hatte.

»›Tiger‹ sind sehr schöne, besonders wertvolle und geschützte Tiere, auch friedvoll, sofern sie nicht laufend von den ›schwarzen Schafen von Schwiegertöchtern‹ gereizt werden.« So begann der Brief. Als ich diese Zeilen las, wußte ich sofort, wer mir da geschrieben hatte. Weiter hatte sie geschrieben: *»Ist Ihnen eigentlich bewußt geworden, was Sie*

in bis jetzt friedlichen Familien angerichtet haben, Ehen gefährden, unschuldige Kinder psychisch belasten? Niemand zwingt Sie zu solch FS-Medienauftritten und Zeitungsberichten. Ein Vertrauensbruch, was Ihnen etliche Hilfesuchende anvertrauen, vermarkten und verkaufen Sie mit Ihrer Geltungs- und Profilierungssucht. Was geschieht mit den Einnahmen? Vorschlag: für durch Schwiegertöchter geschädigte Schwiegermütter!! Es gibt Millionen Schwiegertöchter, da brauchen Sie mit ein paar Hundert bundesweit und zwanzig Gruppenmitgliedern nicht zu prahlen …
Lächerlich ist doch die Antwort auf die Frage, wenn Sie die Enkel anführen: Mama, du kannst nicht kochen. Vielleicht kann sie es wirklich nicht! Evtl. hat sich der Vater schon so geäußert!! und Mutters Küche gelobt. Und schon greifen Sie die Schwiegermütter an …
Den Weg junger Ehen – die noch unbedarft sind – pflastern Sie bereits mit Ihrer Schwiegermutter-Aversion …«

Was die Anspielung auf meine vermeintlichen Einnahmen betrifft, hatte Schwieger-Tiger eine klare Strategie: In dem verbalen Ping-Pong-Spiel Schwieger-Tiger – Schwiegermutter war lange Zeit die Rede von riesigen Summen, die Medienanstalten für Interviews zahlen würden. Natürlich hatte ich mich da in ihrer Vorstellung enorm bereichert.

Diesen Brief nahm ich sehr ernst. Hatte Schwieger-Tiger seine Strategie geändert? Wollte sie mich bedrohen? War aus dem Fanatismus, den sie an den Tag gelegt hatte, Haß geworden? Da ich nicht einschätzen konnte, welche Gefahr evtl. von dieser Frau ausging, ging ich mit dem Brief zur Frauenbeauftragten der hiesigen Polizei. Auch mit einer Psychologin und einem Sozialpädagogen besprach ich den Inhalt des Briefes bzw. das Verhalten von Schwieger-Tiger. Alle kamen zu dem Schluß, daß man so was nicht unterschätzen darf und ich mich vorsehen sollte.

Ungefähr vier Wochen, bevor sie diesen Brief abgeschickt hatte, erfuhr ich durch mehrere Fügungen und Zufälle ihren Namen. Bisher hatte dieses Wissen für mich keine große Rolle gespielt, denn ich maß dieser Frau eine eher untergeordnete Bedeutung bei. Der Brief aber war des Guten zuviel. Ich griff zum Telefon und rief bei ihr an. Als ich mich für den Brief bedankte und sagte, ich wolle ihr die Antwort darauf direkt geben, war es eine Zeitlang still am anderen Ende der Leitung. Ich sagte in diese Stille hinein: »Tiger sind Raubtiere, die ihre Beute ausspionieren, ihr in sicherer Deckung auflauern und dann blitzschnell aus dem Hinterhalt zuschlagen. Und sie töten ihre Beute grausam und fressen sie.« Im Anschluß entstand wieder ein langer Dialog, bei dem ich als erstes zu hören bekam: »Nie habe ich Ihnen gegenüber schlecht über meine Schwiegertochter gesprochen, das können Sie doch bestätigen, oder?« (Ja, ihr Verstand arbeitete blitzschnell. Hatte ich ihren Namen, hatte ich aller Wahrscheinlichkeit nach auch den ihrer Schwiegertochter.) Und weiter: Der Brief wäre halt im Affekt geschrieben und ich hätte es durch mein Auftreten selber verschuldet, daß sie mir droht. Und außerdem: Was da so alles über mich gesprochen würde, und die Leute, die *sie* wegen mir anriefen, da müsse sie einfach etwas tun ... Keine Reue, kein schlechtes Gewissen! Immer wieder hat sie dabei angebliche Aussagen der Schwiegermutter zitiert. Als ich sie nochmals aufforderte, uns alle endlich in Frieden zu lassen, meinte sie: »Ich meine es ja nur gut.«

Es folgten noch einige Anrufe, bei denen sie sich immer mit den Worten meldete: »Hier spricht der Schwieger-Tiger.« Drohungen mit einer Strafanzeige, die ich immer wieder aussprach, fruchteten leider nicht. Erst als ich auf Rat einer Polizistin hin andeutete, daß ich genauso ihre Kinder von ihren Machenschaften unterrichten könne, hat sie ihre Belästigungen mir gegenüber – wie ich hoffe endgültig – eingestellt. Ob sich ihre größte Angst bewahrheitet hat und ihre Schwiegertochter denn nun wirklich in die Gruppe gekommen ist? Vielleicht ... vielleicht auch nicht!

Der Vorwurf, daß ich aus meinem Engagement finanzielles Kapital geschlagen hätte, ist absurd. Bis heute habe ich jeden Pfennig Honorar für meine Arbeit investiert. Sämtliche Ausgaben für Telefongebühren, Porto und Fahrtkosten bezahle ich aus eigener Tasche. Um den Telefonservice aufrechterhalten zu können, habe ich zur Finanzierung zusätzlich einen Nebenjob angenommen. Außerdem fiel der Inhalt meines Sparbuches meiner Arbeit mit den Schwiegertöchtern zum Opfer. Soviel zu den Reichtümern, die ich gehäuft und gescheffelt habe.

Straftaten verborgen hinter dem »Mythos Mutter«

Gleich nach Bekanntwerden meiner Initiative haben sich immer mehr Frauen an mich gewandt. Anfangs war ich erschüttert über die Geschichten, die sich tagtäglich in den Familien zutragen. Was mir die Frauen erzählt und geschrieben haben, ihr bis dato stummes Leiden, das alles war schier unfaßbar für mich. Dabei dachte ich aber immer nur, wie gemein und niederträchtig Schwiegermütter gegenüber den jüngeren Frauen sein können. Bis mich eines Abends unter Tränen Melanie anrief. Sie ist 67 Jahre alt, hat Pädagogik studiert.

Melanie: *Für meine Schwiegermutter war ich nie gut genug. Ständig hat sie mich diskreditiert. Vor zwei Jahren war ich schwer krank. Nur eine Organtransplantation konnte mich am Leben erhalten. Für mich und meinen Mann begann damit eine schwere Zeit des Bangens, aber auch der Hoffnung. Endlich war es soweit. Die Transplantation verlief erfolgreich. Einige Tage, nachdem ich die Klinik verlassen durfte, kam ein vierseitiger Brief von meiner Schwiegermutter. Den ersten*

Satz dieses Briefes werde ich mein Leben lang nicht mehr vergessen. Da stand zu lesen: Na ja, die Reparatur bei Melanie wäre wohl nicht unbedingt notwendig gewesen, der Aufwand lohnt sich bei ihr doch sowieso nicht! Das war alles, was sie zu dem Thema zu sagen hatte. Die restlichen vier Seiten waren eine Abhandlung ihrer Leidensgeschichte bei der Behandlung der Altersflecken an ihren Händen.

Melanie war sehr betroffen von dieser Demütigung. Nachdem ich den Hörer aufgelegt hatte, konnte ich ihr Schicksal nicht mehr vergessen. Plötzlich schoß mir der Gedanke an die Menschenrechte durch den Kopf. Hatte ich nicht mal in der Schule gelernt, daß die Würde des Menschen unantastbar sei? Wo aber blieb die Menschenwürde von Martina, von Gudrun, von Maria und von all den Frauen, die sich an mich gewandt haben? Der Gedanke, daß es sich in fast allen Fällen um Verletzungen des Grund- oder Strafgesetzes handelte, ließ mich nicht mehr los. Konnte das denn sein? Wie war so etwas möglich? Für mich war es ungeheuerlich, was ich da festgestellt hatte. So sprach ich unter anderem mit der Frauenbeauftragten der Stadt Augsburg über meine Erkenntnis. Von ihr bekam ich daraufhin das Grundgesetz der Bundesrepublik Deutschland.

Da stand es dann im Artikel 1.1: *»Die Würde des Menschen ist unantastbar.«* Im Artikel 2.2 las ich: *»Jeder Mensch hat das Recht auf Leben und körperliche Unversehrtheit. Die Freiheit der Person ist unverletzlich.«*

Postgeheimnis, Gleichheitsgesetz, Glaubensfreiheit ... All das, worin viele Schwiegertöchter stark eingeschränkt wurden, stand hier schwarz auf weiß. Vor mir lag ein Gesetzbuch, in dem vieles geregelt war, was Schwiegertöchtern Unbehagen und Leiden verursachte. Es gab Gesetze, die belegten, daß z. B. das Lesen von Briefen anderer Menschen – und somit auch von Schwiegertöchtern – eindeutig nicht erlaubt ist.

Doch scheinen diese Gesetze für Schwiegertöchter oft keine

Geltung zu haben. In vielen Fällen ist es vielmehr so, daß die Frauen am Tag ihrer Heirat ihre Grundrechte abgeben müssen bzw. daß sie ihnen von der Schwiegermutter genommen werden. Auffällig ist hierbei, daß Straftaten innerhalb der Familie oftmals gar nicht als solche wahrgenommen werden oder als Kavaliersdelikt belächelt werden. Weder Opfer noch Täter oder Zeugen wollen sich damit auseinandersetzen, was da eigentlich abläuft. Bei Straftaten innerhalb von Familien wird ein anderer Maßstab angelegt als in der Öffentlichkeit. Häufig können wir dieses Verhalten bei Gewalt in der Familie beobachten. Jeder schaut weg und will auf gar keinen Fall etwas gehört oder gesehen haben, oder man ergötzt sich sogar am Leid der anderen.

Mit aller Deutlichkeit möchte ich betonen, daß folgende Verletzungen des Grundgesetzes, Straftaten oder Widrigkeiten auch in jeder anderen zwischenmenschlichen Beziehung vorkommen können. Hier berichte ich aber ausschließlich über Beispiele für Straftaten, die sich gegen Schwiegertöchter richten und in der Hauptsache von Schwiegermüttern begangen werden.

◆ ***Rufmord und Verleumdung:*** Stark verbreitet ist das Mittel der Verleumdung und des Rufmordes. Klatsch wird als Mittel zur Diffamierung der Schwiegertochter gebraucht. Typische und immer wiederkehrende Standards sind: *»Der ihr Kind ist nicht von meinem Sohn. Die ist primitiv und dumm, da muß man sich in acht nehmen, denn solche Menschen sind gefährlich. Die will mich mit ihrem abscheulichen Fraß vergiften. Sie mißhandelt ihre Kinder. Die hat's nur auf das Geld meines Sohnes und auf meine Rente abgesehen.«* Sogar der Arbeitgeber der Schwiegertochter wird über die »Unzulänglichkeit« der jungen Frau informiert. Dem Ehemann werden »besorgte« Mitteilungen gemacht. Auch werden anonyme Hinweise an Behörden, das Jugendamt und den Arzt der Schwiegertochter oder den Kinderarzt weitergegeben.

Gabriele: *Meiner Tochter sollte eine Spange angepaßt werden. Dazu waren Röntgenaufnahmen des Kiefers notwendig. Als meine Schwiegermutter davon erfuhr, hat sie mich im ganzen Ort beschuldigt, das Kind so mißhandelt zu haben, daß dem Mädchen der Kiefer gebrochen war. Wochenlang bin ich daraufhin mit den Röntgenbildern im Auto durch die Gegend gefahren und habe jedermann gezeigt, daß der Kiefer nicht gebrochen war.*

Ursula: *Einmal hat meine Schwiegermutter sogar bei meinem Arbeitgeber angerufen. Ob ich da auch so renitent sei, hat sie meinen Chef gefragt. Außerdem müsse sie ihn vor meiner Unordentlichkeit warnen. Weil ich so ein schlechter Mensch sei, möchte sie meinem Arbeitgeber Enttäuschungen mit mir ersparen. Da ich ihren Namen trage, würde das ja negativ auf sie zurückfallen.*

Gudrun: *Bei mir war vor einigen Generationen ein Familienmitglied geisteskrank. Bei jeder Gelegenheit hat meine Schwiegermutter ihren Sohn auf Verhaltensauffälligkeiten von mir hingewiesen. Auch bekam ich von ihr immer wieder zu hören: »Na ja, bei deiner Familie und deiner Abstammung ist es kein Wunder, daß du dich so merkwürdig benimmst.« Wie ein Geier hat sie jeden meiner Schritte, jede Regung beobachtet und als Beweis meiner beginnenden Verblödung bewertet.*

◆ ***Sachbeschädigung:*** Ein weiteres Delikt ist die Sachbeschädigung. Dabei werden der Schwiegertochter ganz aus Versehen Erinnerungsstücke beschädigt. Blumen und Sträucher im Garten sind häufig Opfer der Sachbeschädigung. Als häufigstes Mittel wird dabei Gift zur Vernichtung der Pflanzen eingesetzt. Teilweise werden die Pflanzen aber auch ausgegraben, sogar große Sträucher, und die Wurzeln abgeschnitten. Blumenstöcken in der Wohnung wird Gift gegeben oder sie werden ertränkt. Damit wird allein der Zweck verfolgt, die Unfähigkeit der Schwiegertochter nachzuweisen. Verschlossene Wohnungstüren läßt Schwiegermutter durch den Schlüsseldienst aufbrechen, um besorgt nach dem Rechten zu sehen. Beschädigte Fenster, zerschnittene Wäsche und aufgeschlitzte Autoreifen zeugen von den Aktivitäten mancher Schwiegermutter.

Renate: *Mir wurden Sträucher im Garten vergiftet. Die Kinderwäsche hat meine Schwiegermutter auf der Leine zerschnitten. Den Pflanzen in meiner Wohnung hat sie die Wurzeln abgeschnitten oder sie ersäuft, nur um zu beweisen, daß ich meine Sachen nicht pflege.*

Babette: *Als ich einmal außer Haus war, hat meine Schwiegermutter die Wohnungstüre aufbrechen lassen. Als Begründung gab sie an, sie hätte sich so Sorgen gemacht, daß etwas passiert sei. Ich stellte fest, daß auch noch sämtliche Schubladen durchwühlt waren.*

◆ ***Unterschlagung:*** Bei Unterschlagungen geht es hauptsächlich um Post. Viele Zuschriften, die ich erhalten habe, sind mit dem Zusatz versehen, daß ich die Antwort bitte an eine Deckadresse schicken solle, da die Schwiegermutter die ganze Post in Empfang nimmt, öffnet und zensiert. Oder ich soll ohne Absender schreiben, weil immer geschaut wird, woher die Post der Schwiegertochter kommt. Sparbücher und Versicherungsverträge muß die Schwiegermutter aus Sorge um das Wohlergehen der Kinder sicherstellen. Tagebücher der Schwiegertochter sind für alle zum Lesen da. Selbstverständlich kann man sie im Verwandten- und Bekanntenkreis als Beweis der Unzulänglichkeit der Schwiegertochter vorzeigen.

Veronika: *Bitte schicke die Antwort auf meinen Brief an die Adresse meiner Mutter, da meine Schwiegermutter die ganze*

Post liest und das, was ihr nicht gefällt, unterschlägt. Eine Privatsphäre habe ich keine mehr. Was die Schwiegermutter nicht sehen soll, muß ich verstecken, nur frage ich mich immer öfter, wo?

◆ ***Körperverletzung:*** Schlimme Folgen kann es haben, wenn die Schwiegermutter zur Körperverletzung übergeht: Schwiegertöchter werden von Hand oder mit Gegenständen geschlagen. Auch wird der Sohn so richtig aufgehetzt, um tätlich gegen die unfolgsame Ehefrau vorzugehen. Es geschieht sogar, daß Dritte zum Überfall, Einbruch, ja sogar zur Vergewaltigung angeworben werden. Einer Sehbehinderten wurden regelmäßig von der Schwiegermutter Hindernisse im Treppenhaus aufgebaut. Wie groß die Dunkelziffer bei so herbeigeführten Haushaltsunfällen oder durch das Verschweigen von Gefahrenquellen ist, läßt sich nicht feststellen. So wurde mir z. B. von einer Schwiegermutter berichtet, die zusah, wie ihre Schwiegertochter mit einer Leiter einen Baum aberntete. Ohne ein Wort zu sagen, ging sie zurück in ihre Wohnung. Von dort aus rief sie ihren Sohn im Geschäft an und warnte ihn vor dem Gebrauch genau dieser Leiter, da zwei Sprossen lose seien. Versteckte Verabreichung von Drogen und Alkohol an trockene Alkoholikerinnen und die Verabreichung von eindeutig verdorbenen Lebensmitteln wären hier noch zu nennen.

Gerda: *Mit einem Schöpflöffel hat mich meine Schwiegermutter grün und blau geschlagen. Auch mein Mann wird von ihr so aufgehetzt, daß er sich an mir vergreift. Anstatt ihn zu beruhigen, feuert sie ihn richtig an, mich zu züchtigen.*

Margarete: *Wir waren mit unseren beiden Kindern bei der Schwiegermutter zum Essen eingeladen. Vor dem Haus der Schwiegermutter schlüpfte mein kleiner Junge ins Gebüsch. Auf der Suche nach ihm kam ich auch auf die Rückseite des*

Gebäudes, die im vollen Sonnenlicht lag. Auf dem Fensterbrett des Schlafzimmers der Schwiegermutter sah ich eine große, bunte Schüssel stehen. Im ersten Moment dachte ich, sie würde irgend etwas in der Sonne trocknen. Als wir uns zu Tisch setzten, bemerkte ich einen Flecken am Ärmel meiner Bluse, den ich mir wahrscheinlich im Gebüsch geholt hatte. Schnell wollte ich ins Bad, um den Flecken ein wenig herauszuwaschen. Im Bad ließ ich die Türe etwas offenstehen. Da sah ich meine Schwiegermutter mit dieser bunten Schüssel aus ihrem Schlafzimmer kommen. Als ich dann ins Eßzimmer kam, stand diese Schüssel, gefüllt mit Kartoffelsalat, auf dem Tisch. Wie bei uns üblich, war der Salat mit Mayonnaise angemacht. Zur Sicherheit berührte ich die Schüssel, und sie war ganz heiß. Meine Schwiegermutter hatte diesen Kartoffelsalat an der prallen Sonne stehen lassen. Darauf angesprochen, daß sie uns doch diesen Salat nicht mehr vorsetzen könne, meinte meine Schwiegermutter nur: »Seid nicht so empfindlich. Für euch ist der doch gerade gut genug. Ihr seid eh nichts Besseres gewöhnt.« Wir haben von diesem Tag an nichts mehr bei der Schwiegermutter gegessen.

Maria: *Als ich keinen Kontakt mehr zur Schwiegermutter wollte, hat sie meinen Mann bearbeitet. Sein Vater hätte sie schon längst verprügelt, wenn sie so mit seiner Mutter umgegangen wäre. Was er für ein Mann sei, wenn er solche Kapriolen von mir dulden würde. Selbst sein Bruder hat ihm gesagt: Was bist du für ein Mann? Du hast deine Frau nicht im Griff. Hättest du nur etwas Mumm in den Knochen, würdest du ihr den Eigensinn und die Unverschämtheit rausprügeln!*

◆ ***Kindesentziehung:*** Die Kindesentziehung kann sich verschieden darstellen. So wird einmal durch die simple Nichtherausgabe das Kind einbehalten. Auch durch Flucht oder Weitergabe an Dritte wird das Kind seiner Mutter vorenthalten. Ebenso werden verleumderische Angaben über die Schwiegertochter beim Jugendschutz, bei Ärzten, Kripo oder in der Schule gemacht.

Claudia: *Mein Mann und ich sind mit unseren Kindern vierhundert Kilometer weggezogen, um aus dem Einflußbereich meiner Schwiegermutter wegzukommen. Wir haben ihr ein absolutes Kontaktverbot für die Kinder erteilt. Eines Tages stand die Schwiegermutter mit meiner Jüngsten, die sie im Kindergarten abgeholt hatte, vor der Türe und sagte triumphierend: »Gib deinen Widerstand auf, ich bin die Stärkere.«*

Gerlinde: *Meine Schwiegermutter hat mir mein Kind entfremdet. Ständig stellte sie mich als Versagerin dar. So eine wie ich kann kein Kind aufziehen. Diese massive Kampagne gegen mich hat sie so lange betrieben, bis alle in meinem Umfeld, einschließlich mein Mann, davon überzeugt waren, daß das Kind wochentags bei ihr besser aufgehoben sei als bei mir.*

◆ ***Erpressung – Nötigung:*** In dem Konflikt zwischen Schwiegermutter und Schwiegertochter kommt es sehr oft zur Nötigung oder gar Erpressung: »Dann bringe ich mich halt um, wenn ihr nicht pariert« ist ein Satz, den wir immer wieder hören. Oder: »Dann werde ich halt krank, wenn ihr nicht spurt.« Es gibt Fälle, bei denen die Schwiegertochter zum Schwangerschaftsabbruch genötigt wird. Auch ein ständiges und penetrantes *»Mach's gefälligst so wie ich es dir sage«* kann zu Nötigung werden. Gern wird auch mit Enterbung gedroht, wenn die Kinder nicht so funktionieren, wie die Schwiegermutter es sich vorstellt.

Christa: *Meine Schwiegermutter bekommt immer dann Herzbeschwerden und Schlafstörungen, wenn etwas nicht nach ihrem Willen verläuft. Versuchen wir uns zurückzuziehen, kommt jedesmal: »Wenn sich keiner um mich kümmert, bringe ich mich halt um.«*

Maria: *Meine Schwiegermutter droht immer wieder mit Herzbeschwerden, die sich angeblich durch uns verschlimmern. Bereits mehrfach hat sie von sich gegeben: »Wenn ich einen Gasherd besitzen würde, hätte ich schon lange den Kopf hineingesteckt.« Egal, was in der Familie passiert, immer wieder versucht sie uns durch ihre Drohungen unter Druck zu setzen und gefügig zu halten.*

◆ ***Freiheitsentzug:*** Freiheitsentzug wird durch Einsperren und/oder die Wegnahme von Kleidung praktiziert. Mir sind auch viele Fälle bekannt, bei denen die Schwiegertöchter das Haus nicht ohne Genehmigung oder ausführliche Auskünfte, wo sie warum hingehen und wann sie wiederkommen, verlassen dürfen. Manchen Frauen ist es deshalb nur telefonisch möglich, mit der Außenwelt Kontakt zu halten. Freundschaften oder eine Betätigung außerhalb der Familie sind nicht gestattet. Einkaufsfahrten sind minutiös geplant. Viele junge Frauen haben mir schon von der Panik, die sie erfaßt, erzählt, wenn sie mal an der Kasse länger warten müssen. Manche haben dann das Geschäft schon ohne ihre Einkäufe verlassen, nur um nicht ausgeschimpft zu werden.

Paula: *Bei Mann und Schwiegermutter ist nur Arbeiten angesagt. Keine Hobbys, keine Freunde und keine Zerstreuung wird mir zugestanden. Das einzige, was zählt, ist die Arbeit. Die Zeit zum Einkaufen ist genau berechnet. Schon wegen fünf Minuten Verspätung werde ich als Drückebergerin beschimpft.*

Das Spektrum der Ausdrücke, mit denen Schwiegertöchter bedacht werden, reicht von Hure, Nutte, Schlampe, Drecksau bis zum Saumensch, dem dreckerten.

Sicher ist es sehr schwierig, diese Vergehen innerhalb der Familie strafrechtlich zu verfolgen. Es bringt auch wenig, wenn versucht wird, Strafanzeigen en masse zu produzieren. In den meisten Fällen würde das Verfahren sowieso eingestellt oder auf den zivilen Klageweg verwiesen, da kein öffentliches Interesse vorliegt. Außerdem ist es wenig sinnvoll, den Konflikt in der Familie durch eine Strafanzeige zu verschärfen. Ähnliches wie bei einem Modellversuch der Staatsanwaltschaft, der hier in Augsburg mit Erfolg lief – es ging dabei in der Hauptsache um Gewaltanwendung durch den Ehemann –, wäre jedoch auch bei massiven Übergriffen der Schwiegermutter denkbar. Bei diesem Versuch wurde statt Strafe eine Therapie angesetzt. Hat der »Täter« diese Therapie ernsthaft betrieben, wird die Tat nicht weiter geahndet. Dieses Verfahren wäre auch beim Straftäter Schwiegermutter denkbar.

Sehr wichtig erscheint es mir, daß wir diesen Untaten gegenüber sensibler werden. Menschen, die in dieser Weise ihre Angehörigen terrorisieren, sollten wir durch unsere deutliche Ablehnung abschrecken. Auch die sogenannte Öffentlichkeit sollte nicht länger ein Forum für die Verleumdungen und Diffamierungen bieten. Viel besser wäre es, wenn jeder den Mut aufbrächte, solches Verhalten aufzuzeigen und kundzutun, daß er das nicht toleriert. Wenn jeder der Zeugen ein wenig mehr Eigenverantwortung und Kritikfähigkeit zeigen würde, könnte allein durch diese Abschreckung und den Entzug der Toleranz viel Leid verhindert werden.

Durch zahlreiche Gespräche weiß ich, daß sich die meisten Schwiegertöchter gar nicht bewußt sind, was mit ihnen eigentlich geschieht. Kristallisiert sich im Laufe eines Gespräches allerdings heraus, daß sie »Opfer« einer Straftat geworden sind, fällt es ihnen meistens leichter, das Verhalten ihrer Schwiegermutter abzulehnen. Immer wieder stelle ich fest, daß die Frauen sich nicht erlauben, das Verhalten ihrer Schwiegermutter zu verurteilen, solange sie der Meinung sind, es handle sich nur um ein subjektives Mißempfinden. So wird z. B. das Öffnen der Post zwar als störend, einschränkend oder verletzend empfunden, aber sehr selten als Straftat erkannt. Jeden Nachbarn, der in unserer Wohnung herumstreunt oder uns verleumdet und beschimpft, würden wir sofort vor den Kadi schleppen – nicht aber die Schwiegermutter.

Diese Tatsache mag einmal darin begründet sein, daß wir die Gesetze nur in Zusammenhang mit Fremden als gültig ansehen. Es ist uns nicht bewußt, daß sie auch in der Familic Gültigkeit haben. So wurde uns schon von klein auf die Macht der Eltern demonstriert. Sie strafen und belohnen, sie stellen Verhaltensregeln auf, sie kontrollieren und setzen sich durch. Von den Müttern, die sich in der Hauptsache um unsere Erziehung kümmern, da Papa arbeiten muß, werden uns die interfamiliären Pflichten beigebracht. Wie können wir uns da erdreisten, der Gesetzgeberin selber Ungesetzlichkeit zu unterstellen? Wurde uns nicht immer vermittelt, daß Mutti recht hat und wir nicht an Mama Kritik zu üben haben?

Das Wort »Mutter« wird geradezu mystifiziert. Von jüngeren Frauen wird schon mal gesagt: *»Das ist keine besonders gute Mutter.«* Oder: *»Die hat ihre Kinder nicht im Griff. Sie läßt sie total verkommen.«* Sind diese Kinder aber erwachsen und die Mutter etwas älter, zählen diese Argumente nicht mehr. Aus der »schlechten Mutter« wird auf einmal, kaum daß sie erwachsene Kinder hat, »die Mutter« schlechthin. Wie stellt sich nun »die Mutter« in unseren Köpfen dar? Gütig, weise, liebevoll, hingebungsvoll und absolut unfehlbar. Dieses Mutterbild wird uns ins Hirn eingebrannt. Daß genau diese Mutter ein Mensch mit Fehlern und Schwächen wie jeder andere Mensch ist, daran dürfen wir nicht im entferntesten denken. Mit wehenden Fahnen huldigen wir der »heiligen Kuh Mutter«. Sicher ist, daß die meisten Mütter große Anerkennung für ihre Lebensleistung verdienen. Wir sollten dabei jedoch nicht übersehen, daß sich hinter dem »Mythos Mutter« auch in ihrem Verhalten schwer gestörte Frauen verschanzen. Ob jung oder alt, auch eine Mutter lügt, betrügt, hintergeht und fügt ihren Kindern mutwillig Schaden zu. Aus einer lieblosen, egoistischen und herrischen jungen Mutter wird sich in den seltensten Fällen eine partnerschaftliche und faire Schwiegermutter entwickeln.

Dies auszusprechen ist in unserer Gesellschaft ein großes Tabu. Es muß aber doch möglich sein, hier ohne Sentimentalität, mit dem normalen Menschenverstand zu sagen: Es gibt den Extremfall schlechte Mutter und es gibt den Normalfall vernünftige, gute, vor allem aber menschliche Mutter. Mir geht es nicht darum, den Personenkreis Mutter zu diskreditieren. Vielmehr ist es notwendig aufzuzeigen, warum soviel ertragen und erduldet wird, sobald eine Mutter beteiligt ist. Auch darf die Bezeichnung Mutter nicht als Legitimation für solche Taten dienen, die ich eben beschrieben habe.

Wir sehen, alle menschliche Unzulänglichkeit ist auch bei und durch eine Mutter möglich. Diese Frauen sind teilweise sogar schwer gestört in ihrem Verhalten. Geprägt sind sie durch Frustration und Unzufriedenheit mit ihrem eigenen Leben. Viele hatten es selber schwer und fanden nicht die Kraft und den Mut, für sich einzustehen und eigene Wege zu gehen. Dies kann uns zwar helfen, diese Frauen nicht abzuurteilen, jedoch weigere ich mich, alles als Entschuldigung hinzunehmen. Es kann nicht als Legitimation dafür gelten, daß ganze Familien im Sog einer unglücklichen und unbefriedigten Frau zugrunde gehen. Jeder erwachsene Mensch hat die Möglichkeit, sein Leben und damit auch sein Glück selber zu bestimmen und zu gestalten, auch die nur jammernde und sich als armselig darstellende Schwiegermutter. Oft waren aber Versorgungsgründe ausschlaggebend für ein Ausharren und die Duldung des eigenen unglücklichen Lebens. Keiner darf aber verlangen, daß die Kinder dafür die Rechnung bezahlen.

Viele von Ihnen waren beim Lesen des letzten Kapitels bestimmt peinlich berührt. Betroffene Schwiegertöchter haben sich mit Sicherheit geschämt, selbst wenn sie genau das gelesen haben, was ihnen tagtäglich passiert. Es ist teilweise so unfaßbar und unglaublich, daß jede von uns sich weigert, solche Vorkommnisse in der eigenen Familie wahrhaben zu wollen. Genau das ist aber die Grundvoraussetzung zur Bewältigung und Aufarbeitung: dazu zu stehen und zuzugeben, daß eine von uns mit allergrößtem Schutz belegte Person Dinge tut, für die wir meinen, uns schämen zu müssen.

Welche Rolle spielen die Söhne?

In diesem Kapitel werde ich mich dem wichtigsten Beteiligten des Konfliktes widmen, dem Sohn. Er ist der Dritte im Bunde und, obwohl meist ungewollt, der eigentliche Auslöser des Dilemmas. In die ihm zugedachte Rolle als Sohn wurde er hineingeboren, seine Rolle als Ehemann dagegen hat er frei gewählt. Sich bewußtgemacht oder erkannt, welche Rolle die Mutter ihnen zugedacht hat, haben die wenigsten der Söhne. Für viele bedeutet es große Anstrengung, aus dem Erwartungs- und Einflußbereich ihrer Mutter auszubrechen. Sie sind sich nicht bewußt, daß sie als Mensch für die Mutter eigentlich nicht von großer Bedeutung sind, sondern nur in ihrer zugedachten Erfüllerposition von der Mutter anerkannt, mehr noch, erwünscht sind. Als »Spezialwerkzeug« wurden sie von ihrer Mutter so präpariert, daß sie die Erfüllung ihrer Erwartungen und Bedürfnisse in vollem Umfang als ihre völlig normale Lebensaufgabe ansehen. Grob unterteilt haben wir es mit zwei Gattungen Sohn zu tun. Da ist einmal das bestens bekannte Exemplar des Muttersöhnchens. Zum anderen gibt es den manipulierten und dressierten Sohn.

Typ A: Das Muttersöhnchen

Beschäftigen wir uns zuerst mit dem Muttersöhnchen. Hier sind zwei verschiedene Typen zu unterscheiden: der »Geliebte« und der »Ausnutzer«. Für den »Geliebten« ist seine Mutter die einzig wahre Frau in seinem Leben. Er sieht seine Mutter als unfehlbare Partnerin. Mit Mutter spricht er über alles. Seinen Alltag, anstehende Entscheidungen, seine Gefühle und sein gesamtes Verhalten spricht er mit seiner Mutter ab – während er mit seiner Ehefrau absolut nichts bespricht. Ihr gibt er nur die Entscheidungen bekannt, die er mit der Mutter gefällt hat. Er stellt seine Frau vor vollendete Tatsachen und läßt sie nicht an seinem beruflichen oder privaten Leben teilhaben. Mit Mutter fährt er, oft als Paar getarnt, in Urlaub, mit ihr geht er spazieren. Bei den gemeinsamen Spaziergängen geht Sohn Hand in Hand angeregt plaudernd mit Mutter, seine Ehefrau darf stumm hinterherlaufen. Seine abgöttische Liebe zur Mutter macht ihn abhängig und unselbständig. Seine Ehefrau ist für ihn nur fürs Grobe und zum Kinderkriegen da. Zu jeder Zeit bekommt seine Frau gesagt, was Mutter wie tun würde. Es wird von der Ehefrau erwartet, daß sie sich den beiden »Partnern« unterwirft und alles so macht, wie es angeordnet wird. Sprüche wie: *»Wer mit meiner Mutter nicht auskommt, ist selber schuld!«* oder: *»Wenn du mit meiner Mutter nicht klarkommst, kannst du ja gehen!«* sind bei diesem Partner selbstverständlich.

Jede »Verfehlung« der Ehefrau wird vom Muttersohn mit der Aussage quittiert: *»Dann gehe ich halt zu meiner Mutter.«* Ist das Essen am Abend nicht pünktlich fertig, springt der Ehemann in sein Auto und fährt zu Muttern. Viele fahren sogar nach der Arbeit quer durch die ganze Stadt, um erst mal mit Mutter zu bequatschen, was so alles in der Firma passiert ist. Spricht die Ehefrau mal an, daß sie viel Arbeit mit der Wäsche hat, folgt prompt: *»Wenn du mir die Wäsche nicht machst, bringe ich sie eben zu meiner Mutter. Die kümmert sich gerne darum und macht außerdem die Wäsche viel ordentlicher als du.«*

Der »Ausnutzer« zeichnet sich dadurch aus, daß er sich jede Bequemlichkeit von seiner Mutter verschaffen läßt. Dabei behandelt er sie meistens sehr abfällig. Überall läßt er verlauten, wie er mit seiner Mutter umgehen kann. Um seine Macht über die Mutter zu demonstrieren, verkündet er nicht selten lautstark, wie dämlich seine Mutter doch ist, daß sie sich seine Unverschämtheiten so gefallen läßt. Auch um Mitternacht bekommt Söhnchen noch warmes Essen serviert. Bekommt er es nicht, wird er der Mutter gegenüber ausfällig, bekommt er dagegen das Essen, beschimpft er sie, daß sie ihn belauert und kontrolliert, wann er nach Hause kommt. Von seiner Mutter läßt er selbstverständlich alles Unangenehme erledigen. Er lebt in der Vorstellung, seine Mutter voll im Griff zu haben, und übersieht dabei, daß er dieser Frau mit Haut und Haaren verfallen ist. Sie hat ihn an sich gebunden und übt größten Einfluß auf ihn aus, diskret im Hintergrund und vom Mann unbemerkt.

Gemeinsam ist diesen »Pseudo-Machos«, daß für sie jede Frau nur einen minderen Wert hat. Einzige Ausnahme stellt bei den »Geliebten« die Mutter als die Überfrau dar. Auch die eigene Ehefrau wird nur benutzt und bewertet. Geradezu typisch für einen solchen Mann ist ein Leserbrief, der auf die beiden Artikel aus der »Augsburger Allgemeinen«, die ich im ersten Kapitel vorgestellt habe, erschienen ist:

Augsburger Allgemeine, 15. Mai 1995

Zum Streit gehören immer zwei

Zum Bericht »Problemfall Schwiegermutter« vom 05. Mai 95

Aufgrund der Berichte könnte man fast annehmen, daß nur die Schwiegermütter der Grund allen Übels auf dieser Welt sind. Doch gehören zum Streit immer zwei Parteien. Deshalb sollte auch einmal die Kontrahentin etwas kritischer betrachtet werden. Sprüche des Ehegatten wie »Mutti hat die Rouladen anders zubereitet« usw. sind doch ein Zeichen dafür, daß der Mann mit der Haushaltsführung seiner Frau unzufrieden ist. Sie

hat nun ein Problem! Doch daran ist sicherlich nicht die Schwiegermutter schuld.
Anstatt die eigenen Fertig-/Fähigkeiten zu verbessern, wird die Erfahrung der Älteren in Frage gestellt und kritisiert. Sie sucht ihre Probleme auf andere zu verlagern. Dies finde ich ziemlich unfair.

Wie und von wem wurde der Schreiber zu seiner herablassenden Haltung erzogen? Warum meint er, das Recht zu haben, seine Frau in diesem Maße kritisieren und beurteilen zu können? Wäre es da nicht angebrachter, selber Hand anzulegen, wenn »Mann« so gut weiß, wie es richtig gemacht wird? Diese Minderwertschätzung der Ehefrau ist jedoch charakteristisch für diese Sorte Mann. Jeder Frau gegenüber benehmen sie sich herablassend. Bleibt wirklich nur zu hoffen, daß eine angehende Ehefrau oder Partnerin gut prüft, wie ihr Mann über den Wert bzw. die Bewertung seiner Frau denkt. Sollte sie es mit einem solchen Prachtexemplar zu tun haben, ist es äußerst ratsam, sich schnellstmöglich von diesem Liebling zu trennen.

Der gleiche Rat gilt, wenn Bübchen schon am Morgen fluchtartig die gemeinsame Wohnung verläßt, um bei seiner Mama zu frühstücken. Natürlich sind da die Brötchen schon angerichtet. Auch wurde die Marmelade, nach dem Lieblingsrezept linksgerührt gekocht und exakt 3 mm dick aufgeschmiert, nicht vergessen. Nach Feierabend, aber auch nach längeren Dienstreisen usw. führt der erste Weg nicht zu Frau und Kindern, sondern zur Mutter. Dort gibt es Leibgerichte, mundgerecht zugeschnitten, serviert. Von der Ehefrau wird strikter Gehorsam und Demut im Umgang mit Mammilein gefordert. Wie trostlos ein Leben an der Seite eines solchen Muttersohnes enden kann, hat mir Edeltraud sehr eindringlich geschildert.

Edeltraud: *Über vierzig Jahre hat mich meine Schwiegermutter terrorisiert. Mein Mann war immer auf seiten seiner Mutter. Mit mir hat er nie etwas besprochen. Nur seine Mutter war in der Lage, alles richtig zu machen. Ständig hat er sie zitiert und darüber, wie sie dies und jenes macht, gesprochen. Von mir wurde verlangt, mich bedingungslos anzupassen und zu tun, was mir »Mutter« und mein Mann angeschafft haben. Gehorsam, das war es, was die beiden von mir forderten.*
Nun ist die Schwiegermutter im Alter von über neunzig Jahren verstorben und ich bin todunglücklich. – Sie wundern sich, warum ich unglücklich bin. Nun, ich habe meinen Mann sehr geliebt. Er war mein Traumpartner. Die ganzen vierzig Jahre unserer Ehe habe ich gehofft und gehofft, daß er einmal zu mir halten würde. Mit dieser Hoffnung habe ich mich aufrecht gehalten. Und jetzt, nachdem die Schwiegermutter tot ist, werde ich nie mehr erfahren, ob mein Mann vielleicht doch noch zu mir gehalten hätte, so wie ich es mir vierzig Jahre lang erhofft habe.
Selbst bin ich nun über siebzig. Nachdem mein Mann auch noch wie ein Witwer um seine Mutter trauert und Tag und Nacht nur noch von ihr spricht, fange ich langsam an, ihn und sein Verhalten zu verabscheuen. Jetzt, wo ich alt bin und keine Alternativen mehr habe, muß ich meinen Lebensabend im Bewußtsein meiner Lebenslüge – mein Mann wird schon noch zu mir halten – und mit der Verachtung, die ich als einziges für meinen Mann noch übrig habe, leben. Jeder Tag unter einem Dach mit diesem Muttersohn wird mir zum Greuel. Mein Leben ist einsam und sinnlos geworden.

Mit solchen Prachtexemplaren, die nicht zu ihrer Frau stehen, sind nach eigenen Angaben 26% der Frauen, die sich bei mir gemeldet haben, verheiratet. Viele dieser Betroffenen haben nicht den Mut, sich aus diesen Ehen zu befreien. Beinahe jedesmal werden die Kinder als Grund angegeben. Erstaunlich ist dabei, daß aus dieser Gruppe von Frauen sehr viele hervorgehen, die ihrerseits bei ihren Kindern stark klammern. Nehmen sie doch gerade wegen des vermeintlichen Glücks der Kinder ihr eigenes Unglück in Kauf. Hier entsteht dann dieser »Ich-habe-mich-für-meine-Kinder-aufgeopfert« Effekt.

Dabei kann gerade dieses erduldende Verhalten für die junge Frau ebenso wie für ihre Kinder fatale Folgen haben. So rief mich eines Tages Ramona an. Zuerst fragte sie mich, ob wir auch nicht die Richtige für unseren Mann seien. Sie fragte weiter: *»Seid ihr auch unfähig, zu kochen, eure Kinder zu erziehen usw.?«* Als ich all ihre Fragen mit ja beantwortet hatte, begann sie mir ihre Leidensgeschichte zu erzählen.

Ramona: *Seit achtundzwanzig Jahren werde ich von meiner Schwiegermutter und meinem Mann wie eine Leibeigene gehalten. Mein Mann ist der Meinung, daß alles, was seine Mutter tut und sagt, Gesetz ist. Immer mußte ich mich unterordnen. Nie hat mein Mann zu mir gehalten. Nur wegen unseren Kindern bin ich bei ihm geblieben. Nun ist vor einem halben Jahr unser Jüngstes ausgezogen. Seitdem wird mir jeden Tag deutlicher, in welcher Hölle ich lebe. Mit meinem Leben stehe ich buchstäblich vor dem Nichts! Seit drei Monaten habe ich Tabletten gesammelt und war kurz davor, mir das Leben zu nehmen.*

Gerade heute, in einer Phase tiefster Depression, habe ich von Ihrer Initiative erfahren. Jetzt ist mir leichter, da ich weiß, daß es noch viele andere gibt, die so unfähig hingestellt werden. Auch verstehe ich langsam, daß nicht ich die Versagerin bin. Viele Jahre habe ich mir nämlich eingeredet, ich sei nicht in der Lage, die Erwartungen meines Mannes und meiner Schwiegermutter zu erfüllen. Sagen Sie den jungen Frauen doch bitte, sie sollen sich rechtzeitig von ihren mutterhörigen Männern trennen. Im Alter haben sie keine Perspektiven mehr, und ihr Leben ist kaputt!

Margarete: *Nach über dreißig Jahren habe ich endlich den Mut gefaßt, mich von meinem Mann zu trennen. Während unserer Ehe ist er immer wieder alleine zu seiner Mutter gegangen. Oft hat er sich wochenlang nicht um mich und unsere vier Kinder gekümmert. Jede Entscheidung hat er mit seiner Mutter getroffen, ohne mich auch nur einmal um meine Meinung zu fragen. Es wurde nur bestimmt. Wie eine Putzfrau hat er mich behandelt. Selbst wenn seine Mutter mich als Hure und Schlampe beschimpfte, hat er kein einziges Mal Partei für mich ergriffen. Nur für die groben Arbeiten war ich nütze. Der Gedanke, daß ich meinen Kindern eine Trennung nicht zumuten kann, hat mich in dieser ausweglosen Lage gehalten. Inzwischen sind die Kinder erwachsen und machen mir die größten Vorwürfe, daß ich ihnen die Zustände in ihrem Elternhaus so lange zugemutet habe. Alle sind in therapeutischer Behandlung. Teils sind sie beziehungsunfähig, teils nicht in der Lage, für sich selber einzustehen. Aus lauter Angst, sie könnten durch das gespannte Verhältnis zu Hause Schaden erleiden, habe ich bei ihnen genau den Fehler gemacht, sie zu bemuttern, zu verwöhnen und jede erdenkliche Schwierigkeit aus dem Weg zu räumen. Zur Zeit besteht der Kontakt nur darin, Vorwürfe gegen mich zu erheben. Das ist sehr bitter, denn ich wollte doch nur ihr Bestes. Heute rate ich jeder Frau, nicht zu warten, sondern sofort zu reagieren und mit den Kindern neu anzufangen. Das wäre auch in meinem Fall die einzig richtige Lösung gewesen.*

Häufig haben die jüngeren Frauen auch die Hoffnung, daß sich das Verhältnis zu ihrem Mann normalisiert, wenn die Schwiegermutter gestorben ist. Dies hat sich jedoch in keinem mir bekannten Fall bestätigt. Ganz im Gegenteil! Die Muttersöhne trauern wie um eine Geliebte. Die Zitate über die Mutter verstärken sich noch. Oft werden die Frauen von ihren Männern sogar noch verbal angegriffen, weil sie als die nicht so wertvollen Menschen noch leben und die arme Mutter viel zu früh sterben mußte. Des weiteren bekommen sie Vorwürfe zu hören, sie wären für das frühe Ableben (teilweise im Alter von über neunzig Jahren) durch ihre Ungezogenheit der Mutter gegenüber verantwortlich.

Typ B: Der dressierte und manipulierte Sohn

Auf meine Frage, ob der Mann Beistand leistet, antworteten 47% der Schwiegertöchter mit ja, 27% mit zu wenig. Warum es bei diesen Paaren trotzdem Konflikte mit der Schwiegermutter gibt, läßt sich anhand der zweiten Kategorie der manipulierten bzw. dressierten Söhne erklären. Bei der Betrachtung der Familienkonstellation, in welcher der Sohn aufgewachsen ist, ergeben sich erstaunliche Übereinstimmungen. Eines der folgenden Familienbilder ist bei jedem dieser Männer zu finden:

◆ 1. Der Vater hat in der Familie die dominante Rolle. Oftmals behandelt er seine Frau recht herablassend. Diese läßt sich die Behandlung auch gefallen und fügt sich in die Rolle der Untergebenen restlos ein. »Die Frau sei dem Manne untertan« gilt als Regel dieser Familie. Selbstverständlich sind die Kinder ihrerseits die Untergebenen der Mutter. An sie wird der Druck von oben nach unten weitergegeben. Widerspruch der Kinder wird nicht geduldet: *»Sei still und mache, was deine Mutter dir sagt!«* Die Mütter erwarten von der Partnerin des Sohnes ebenfalls die totale Unterwerfung. Wobei sie als Mutter das Recht, ihre Erfahrungen einzubringen, in Anspruch nehmen. Schließlich haben sie viele Jahre ihrem Sohn gedient und wissen, was er braucht. Mit vielen dieser Mütter habe ich persönlich gesprochen, und es hat mich erstaunt, wie wenig Respekt und Achtung sie vor Frauen haben. Sie haben sich selbst als Haushälterin ohne Rechte und Anerkennung degradiert und finden das auch noch ganz normal.

◆ 2. Die Mutter ist die Feudalherrin der Familie, und auch der Vater hat sich einzuordnen. Mutter bestimmt was, wie, wo und wann gemacht wird. Sie trifft die Entscheidungen, und der Vater ist nur zu dem Zweck geduldet, Geld zu beschaffen und grobe, unliebsame Arbeiten zu erledigen. Diese Mutter thront über der Familie und bestimmt über die Geschicke sämtlicher Familienmitglieder.

Im Falle des Patriarchats in der Familie haben unsere Problemschwiegermütter verschiedene Verhaltensweisen entwickelt. Der größere Teil der Frauen verachtet im Innersten den Ehemann. Sei es, weil sich die Frau einen liebevolleren Ehemann gewünscht hat, oder weil der Gatte trinkt. Manchmal ist sie auch unzufrieden, da sich der Ehemann im Beruf nicht so weiterentwickelt hat, wie sie es sich wünschte. Hier könnte ich noch viele Gründe anführen, warum die Schwiegermutter unzufrieden oder unglücklich in der Ehe ist. Gerade diese Frauen ziehen ihren Sohn sehr gerne als Mannersatz heran. Der Sohn soll so werden, wie sich die Mutter ihren Wunschpartner vorstellt. Als Mittel wird übermäßige Liebe genauso wie ständiges Unter-Druck-Setzen angewandt: *»Deine Mutter macht alles nur für dich. – Sieh mal, heute habe ich mir extra die Arbeit gemacht und dir dein Lieblingsessen gekocht. – Mami wird ganz traurig, wenn du so böse bist. – Meinen Beruf habe ich nur wegen dir an den Nagel gehängt. – Seit Jahren konnte ich keinen Urlaub machen, weil du mich ja gebraucht hast.«* Das sind einige der »magischen« Sätze, mit denen die Kinder von klein auf in die Rolle der Schuldigen gepreßt werden. Sie werden systematisch auf Dankbarkeit und daraus abgeleitete Fürsorgepflicht getrimmt. Sollten sie trotzdem einmal widerspenstig sein, wird ihnen durch Schwächeanfälle, Weinen und andere Unpäßlichkeiten der Mutter sofort ein schlechtes Gewissen eingeredet.

Manche dem Vater unterworfene Mutter gibt den Druck

nach unten an die Kinder weiter. Zwar erledigen diese Frauen mit wahrer Inbrunst ihre haushälterischen und mütterlichen Aufgaben, versäumen es jedoch nicht, dem Kind immer wieder klarzumachen, daß sie die Stärkere sind und was sie alles zum Wohle des Kindes leisten. Sie beschaffen sich die Abhängigkeit ihrer Kinder als Legitimation für ihr Leben. Für die Mutter sind diese Kinder der einzige Lebensinhalt, und mit diesem Bewußtsein und der daraus resultierenden Belastung wachsen die Kinder auf.

Das Matriarchat bedarf keiner großen Erklärung. Mutter ist der Chef. Jeder in der Familie hat sich einzuordnen. Den Kindern wird sehr schnell klargemacht, daß nur Mutter entscheiden, dirigieren und delegieren kann. Mutter läßt sich verehren. Häufig sind hier auch Kinder unterschiedlicher Rangordnung vorhanden. Ein Kind zum Knuddeln und Liebhaben, ein anderes fürs Grobe. Von der dominanten Mutter werden die Söhne ebenfalls zu Wunschpartnern und Idealmännern herangezüchtet.

Ob Matriarchat oder Patriarchat: Eines hat keine der mir bekannten Extrem-Schwiegermütter je kennengelernt: eine partnerschaftliche und gleichberechtigte Ehe!

Nach diesem kleinen Ausflug in die Familiensituation läßt sich sehr leicht meine Aussage erklären, die Söhne seien manipuliert und dressiert. Von klein an werden sie gefügig gemacht. Die Worte Dankbarkeit, schlechtes Gewissen und Fürsorgepflicht werden den Söhnen von Kind an in die Seele gebrannt. Dabei wird jedes moralische Druckmittel angewandt. Alt, krank, hilflos, traurig, einsam, aufgeopfert für die Kinder. All diese Worte benutzt Mutter, um den Sohn gefügig zu halten und um im Verwandtenkreis als die Aufopfernde Eindruck zu schinden. Die Söhne sind zu keinem Zeitpunkt in der Lage, die

Verantwortung auch nur annähernd zu tragen, die ihnen meist schon von Kindesbeinen an abverlangt wird.

An dieser Stelle möchte ich eine Kostprobe des ausgeklügelten und wirkungsvollen Dressursystems geben. – Mutter hat in der Zeitung gelesen, daß ein Gartenmarkt am anderen Ende der Stadt Primeln für einen günstigen Preis verkauft. Es ist 17.00, und der Sohn kommt gerade zur Tür seiner Wohnung herein. Die Kinder spurten los, ihren Papa zu begrüßen, werden aber durch das Klingeln des Telefons unterbrochen. Mutter: »Hallo, wie geht's?« Sohn kommt nicht zum Antworten, da Mutter übergangslos weiterredet: »Beim Gartenmarkt Blühschön gibt's Primeln im Angebot, die wären genau die richtigen für meine Pflanzschale vor dem Haus.« Sohn: »Mutti, ich bin gerade erst zur Türe rein und habe noch nicht mal die Kinder begrüßt. Außerdem habe ich den Kindern versprochen, mit ihnen ins Bad zu gehen. Dann ist jetzt auch der größte Berufsverkehr, da kommen wir sowieso nicht rechtzeitig durch. Übermorgen ist Samstag, und da können wir schon morgens fahren.« Mutter: »Nie hast du Zeit für deine alte Mutter. Dabei habe ich immer alles für dich getan.« Sohn: »Aber Mutter, jetzt geht's halt nicht. Komm, wir fahren halt übermorgen, da haben wir dann auch recht viel Zeit.« Mutter: »Du bist undankbar. Das habe ich nicht verdient, daß du so mit mir umgehst.«

So unter Druck gesetzt, wird es dem Sohn schwerfallen, zu seiner Mutter nein zu sagen. Er wird also seine Kinder enttäuschen und zu seiner Mutter rasen. Widersetzt er sich jedoch, kommt Schlimmes auf ihn zu. Mutter verkündet jedem, der es hören will oder nicht: »Meine Schwiegertochter läßt meinen Sohn nicht zu mir. Erst heute hat sie ihn daran gehindert, mit mir zum Garti zu fahren. Dabei wollte er mir doch so gerne die Freude machen.« Bei den Verwandten beschwert sie sich: *»Mein Sohn läßt mich total im Stich. Nicht mal eine halbe Stunde hatte er Zeit, um mit mir etwas Wichtiges zu besorgen. Dabei bin ich doch so schwach auf den Beinen und würde seine*

Hilfe dringend brauchen.« In der Nachbarschaft ist zu hören: *»Nicht mal die paar Blümchen vergönnen mir die Jungen.«* Beim Sohn ruft sie abends an: *»Ich habe mich so über deine Absage aufgeregt, daß ich starke Herzbeschwerden habe, und mir ist ganz schwindlig.«* Spätestens da wird sich der Sohn reiflich überlegen, ob er nicht schleunigst zu der Kranken fährt. Tut er das nicht, wird dem Ganzen noch mal die Krone aufgesetzt, indem Mutter am nächsten Tag angibt, nicht geschlafen zu haben und schwerkrank zu sein. Auch im gesamten Umfeld wird von der »Krankheit« berichtet, und der Sohn sieht sich in Folge einer ganzen Flut von Vorwürfen ausgesetzt: *»Du kümmerst dich zu wenig um deine Mutter. – Diese kleine Aufmerksamkeit hättest du ihr schon machen können. So eine Gemeinheit, gönnst der Mutter nicht mal eine kleine Freude«* usw. tönt es dann auch von den Verwandten, Bekannten und aus der Nachbarschaft. Sohn und Schwiegertochter sind in jedem Fall die Bösen.

Um das System noch mal deutlich zu machen: Der Sohn hat immer den Schwarzen Peter. Hätte er die Anzeige schon am Morgen gelesen und seiner Mutter die Primeln als Geschenk mitgebracht, hätte es geheißen: »Er hat für seine liebe Mutter nur ein paar billige Primeln aus dem Sonderangebot übrig.« Wäre er sofort in sein Auto gehechtet und zur Mutter losgebraust, anschließend mit Mutter zum Gartenmarkt gerast, hätte es geheißen: »Weil er so getrödelt hat und auf den falschen Straßen fuhr, kamen wir viel zu spät und ich hatte keine Auswahl mehr und mußte den Ausschuß kaufen.« Die anderen Möglichkeiten, den Sohn auf jeden Fall ins Unrecht zu setzen, habe ich im letzten Absatz schon demonstriert. Mit solchem Verhalten, das nicht etwa einem Witzblatt entstammt, sondern für viele Söhne und Schwiegertöchter alltägliche Realität ist, kann Mutter den Sohn immer auf dem Posten des Versagers und des Schuldigen halten.

Viele unserer Ehemänner sind in ihren Familien als Söhne

zweiter Qualität aufgewachsen. Egal, ob sie noch einen Bruder oder eine Schwester haben, sie waren nie die Lieblinge der Mutter. Immer als minderwertig eingestuft, haben sie ein williges Verhalten an den Tag gelegt, um wenigstens zwischendurch einmal die Aufmerksamkeit oder das Wohlwollen der Mutter zu erringen. Erstaunlich dabei ist, daß die Lieblinge sich selten oder nie um das Wohl der Mutter sorgen. Meistens erscheinen sie nur zum Abkassieren. Während sich die Vernachlässigten ständig um das Wohlergehen der Mutter kümmern und nichts außer Schelte dafür erhalten. Schon von Kindesbeinen an läßt sich dieser nicht so sehr geliebte Sohn ausnutzen. Er fühlt sich persönlich für das Befinden seiner Mutter verantwortlich. Von ihm wird auch alle Leistung gefordert, aber nicht selten wird er dafür, daß er ständig tut, macht und springt, von seiner Mutter auch noch verachtet: *»Mein Sohn ist doch blödstudiert. Der ist ein Waschlappen, läßt sich alles gefallen und taugt nichts.«* Solche Beschreibungen des ungeliebten Sohnes können wir sehr oft hören. Dabei will der Sohn doch nur ein klein wenig Liebe und Anerkennung, die er sein ganzes Leben von der Mutter nie erhalten hat und auch in Zukunft nicht erhalten wird.

Ganz gleich ob dressiert, manipuliert oder abgerichtet, egal ob aus zu viel oder zu wenig Liebe, schon von Kindheit an hat der Sohn gelernt, wie er Aufmerksamkeit oder Anerkennung, zumindest aber keinen Tadel, von seiner Mutter bekommt. Diese wiederum macht sich den manipulierbaren und pflegeleichten Sohn für ihre eigenen Bequemlichkeiten und Lebensansprüche in vollem Maße zunutze. Der Sohn verhält sich wie ein Hündchen, das überschwenglich mit dem apportierten Stöckchen begrüßt wird. Mit der Aussicht auf einen freudigen Empfang als Belohnung lernt er unter noch so widrigen Umständen, das Stöckchen schnellstmöglich zu bringen. Der Sohn selbst wird dabei so eingeschnürt, daß ihm schon der Gedanke an Widerspruch oder Verweigerung wie ein Abenteuer aus einer anderen Welt erscheint. Absurd wird für ihn jeder Widerstand, da er ja gelernt hat, was sich gehört, was »normal« ist und was er seiner Mutter schuldig ist. Jeder Gedanke an Opposition wurde von klein an gebrochen. So ist es ihm unvorstellbar, das Verhalten seiner Mutter zu kritisieren oder gar abzulehnen.

Im Laufe des Erwachsenwerdens sperren sich diese dressierten Söhne unbewußt gegen die totale Einverleibung. Tritt nun auch noch eine Frau in ihr Leben, mit der sie eine Familie aufbauen wollen, versuchen sie immer mehr, diesem Druck zu entfliehen. Nur zu deutlich erkennen sie in diesem Stadium die Unterdrückungen und bodenlosen Forderungen, auf deren Erfüllung sie ja eigentlich getrimmt waren. Sehr schmerzlich wird für sie die Erkenntnis, wie und als was sie eigentlich mißbraucht wurden. Bis auf die Muttersöhnchen, die meiner Meinung nach nur ein Außenorgan ihrer übermächtigen Mutter darstellen, ist die Mehrzahl der Söhne nun an einem Punkt angelangt, von dem aus sie beginnen, die Ketten aus überzogener Moral und Dankbarkeit zu sprengen.

Es wird einer Ehefrau nie gelingen, ein Muttersöhnchen aus den Klauen seiner Mutter zu befreien. Für diese Söhne ist es keinen Gedanken wert, daß in ihrem Leben etwas unnormal sein soll. Sie wurden in ihrem Denken so auf Sohn getrimmt, daß es ein Leben ohne Mutter selbstverständlich nicht geben kann. Von einem solchen Mann bleibt einer Ehefrau nur die Trennung übrig, da sie nie seine Partnerin sein wird. Alle Liebe ist und bleibt bei der Mutter. Nur eine langwierige Therapie könnte so einen Sohn von seiner Mutter lösen. Dies würde aber voraussetzen, daß der Sohn seine Situation erkennt und dagegen angehen will. Dies wird aber in den seltensten Fällen vorkommen.

Anders sieht es aus, wenn der dressierte Sohn anfängt, gegen den Zwang Unbehagen zu entwickeln. Er ist offen und zugänglich und wird dadurch langsam lernen, sich aus dem moralischen Druck seines bisherigen Zusammenlebens mit Mutter zu befreien. Sein Innerstes sagt ihm, daß er keinen Gefallen an lebenslangem Gehorsam findet. So wird er sich nach und nach zur Wehr setzen und auf einen vernünftigen, wenn auch reduzierten Umgang mit seiner Mutter hinarbeiten. Mit seiner Ehefrau zusammen kann er sich langsam aus dem übermächtigen Verantwortungsgefühl seiner Mutter gegenüber loslösen. Dieser Weg ist für den Sohn und die Schwiegertochter steinig und schwer, aber bei insgesamt 74% der Eheleute ist dies der einzige Weg aus ihrer Mutterkrise. Vor allem ist dieses gemeinsame Verständnis, Erkennen und Aufarbeiten unerläßlich für den Fortbestand der Ehe. Zusammen kann das jüngere Paar die Kindheit und die bitteren Erfahrungen und Erkenntnisse daraus verarbeiten und dagegen angehen.

Zusammenfassend möchte ich noch einmal feststellen: Der Sohn als Bindeglied bzw. eigentliches Objekt der Begierde seiner Mutter muß sich über seine Wertigkeit und Stellung als Sohn objektiv Auskunft verschaffen. Seiner selbstgewählten Ehefrau, aber auch seiner Mutter gegenüber, ist er verpflichtet, eindeutig Stellung zu beziehen. Notfalls mit Hilfe einer Therapie kann er aufgrund der eigenen Familienstruktur und der Position seiner Mutter analysieren, als welche Art Sohn er herangezogen wurde. Wo und wie wurden ihm seine Abhängigkeit und der Zwang zur immerwährenden Dankbarkeit eingetrichtert? Hat er das erst einmal erkannt, kann er lernen, auf ein normales Maß an selbstverständlicher Fürsorge zurückzukommen und alles zerstörerisch Unnormale abzulegen.

Ist seine Mutter nicht bereit, ihn in ein selbstbestimmtes Miteinander zu entlassen, hat er als Konsequenz nur noch die vollständige Trennung von seiner Mutter. Ein bißchen in die Richtung seiner Mutter, ein bißchen zu seiner Frau und ein bißchen in Richtung eigener Selbständigkeit wird auf Dauer nur zu noch mehr Konflikten führen, da sich keine der Parteien an irgend etwas richtig orientieren kann. Das schließt aber nicht aus, daß man sich nach einer geraumen Zeit der Trennung und Selbstfindung des Sohnes wieder vorsichtig einander nähern kann. So manche Mutter hat sich schon, und sei es nur, um den Anschluß nicht gänzlich zu verlieren, soweit angepaßt, daß große Konflikte umgangen werden können. Eine sich gänzlich im Recht fühlende Mutter jedoch, die auf ihrem Besitz am Sohn besteht, wird nie zulassen, daß dieser sich zur Selbständigkeit entwickelt. Sie wird ihn nie innerlich und moralisch freigeben. Hier wird der Sohn gezwungen, sich entweder für die sklavische Unterwerfung durch seine Mutter zu entscheiden oder ein selbstbestimmtes Leben zu führen. Beides zusammen ist nicht möglich.

Enkelkinder als Waffe im Familienkrieg

Leider sind bei den Schikanen, denen die Schwiegertöchter ausgesetzt sind, immer deren Kinder mitbetroffen. Die Kinder reagieren auf den Zwist in der Familie nicht selten mit Verhaltensstörungen. Sechs Jahre ist das jüngste Kind, von dem ich weiß, daß es durch den Konflikt mit der Oma in therapeutischer Behandlung ist. Viele Enkelkinder haben noch im Erwachsenenalter massive Störungen.

Das Kind als Kampfmittel

Ohne die geringste Hemmung wird Kritik an der Schwiegertochter, aber auch an deren Familie über die Kinder angebracht. *»Deine Mutter kann überhaupt nicht kochen. – Ach, die ist zu blöde, um mit dir die Hausaufgaben zu machen. – Deine Mutter hat einen schmutzigen Haushalt ...«* Wir können uns alle gut vorstellen, wie sehr Kinder durch solche Aussagen verunsichert werden. Sie reagieren dann entweder, indem sie ihre Mutter nicht mehr respektieren, oder sie sträuben sich, die Oma zu besuchen, weil sie die Hetzereien gegen ihre Mutter nicht mehr ertragen können.

Klara: *Mein Sohn kam von einem Besuch bei meiner Schwiegermutter zurück. Wir setzten uns an den Tisch zum Essen, als mein Sohn sagte: »Mutti, ich möchte das Zeug nicht essen, das du wieder zusammengemanscht hast. Die Oma hat gesagt, du bist viel zu blöde, um anständig zu kochen.« Mir verschlug es die Sprache. Sollte ich den Jungen für etwas bestrafen, was ihm seine Oma beigebracht hatte? Auch ihm zu erklären, daß die Oma mit ihrem Geschwätz viel Unheil anrichten kann, sah ich als keine gute Lösung. Schließlich wollte ich nicht meinerseits über die Oma herziehen. Ich war in dieser Situation völlig hilflos.*

Hildegard: *Eine meiner Schwägerinnen lebte gerade mit ihrem Mann in Scheidung. Sie hatte das Sorgerecht für das Kind. Eines Tages rief unsere gemeinsame Schwiegermutter bei meinem Mann an. Da sie total aus dem Häuschen war, holte er mich dazu, und beide verfolgten wir über Lautsprecher die Story, die sie uns auftischte. Das Enkelchen hätte aufgeregt bei ihr angerufen und erzählt, daß seine Mutti und die andere Oma ihm verbieten würden, seinen Vater zu sehen. Daraufhin sei sie ungehalten geworden und habe über die Mutter der Schwiegertochter einige unbedachte Äußerungen gemacht. Das Enkelchen sei todunglücklich und sie selber mit den Nerven am Ende. Am nächsten Vormittag kam die Schwiegermutter zu uns, und wir wollten mit ihr die ganze Geschichte noch mal durchsprechen. Außerdem wollte ich ihr zum wiederholten Male klarmachen, daß gerade in dieser schwierigen Trennungsphase das Enkelkind nicht mit Streitereien unter Erwachsenen belastet werden sollte. In dem Moment, als ich den Ansatz machte, darüber zu reden, unterbrach mich die Schwiegermutter. Wie aus der Pistole geschossen kam: »Der Enkel lügt.« Dabei hatten weder mein Mann noch ich mit dem Enkelkind darüber gesprochen, sondern uns nur auf ihre Angaben bezogen. Nun wurde ich stutzig und habe dann ganz vorsichtig mit dem Kind über das Telefonat am Vortag, das die Oma mit ihm geführt hatte, gesprochen. Und siehe da, nicht er hatte sie angerufen, sondern sie ihn. Auch hatte er sich nicht beschwert, wie von der Oma verkündet. Die Oma hatte ihrerseits seiner anderen Oma die Schuld für die Trennung gegeben und dann eine ganze Litanei an Beschimpfungen, was ihr an der anderen Oma mißfällt, über das Kind ausgeschüttet. Verängstigt und eingeschüchtert, daß die Oma mit ihm schimpfen würde, hat mich das Enkelchen gebeten, ja nichts über unser Gespräch zu verraten. Nie werde ich verstehen, wie jemand ein Kind so mißbrauchen kann, um eigene Kritik anzubringen.*

Die Schwiegertöchter berichten mir, daß sie sich nicht getrauen, den Kontakt ihrer Kinder zur Oma zu unterbinden. Aus Angst, wieder angeklagt zu werden, schlucken sie lieber alles, was die Kinder von der Oma gesagt bekommen, in sich hinein. Manche Kinder wehren sich mit Händen und Füßen, noch mal zur Oma zu gehen, weil diese so über die Mutter herzieht. Selbst da zwingen viele Mütter ihre Kinder weiterhin zu Besuchen bei der Großmutter, nur um nicht neuen Stoff für Schimpfereien zu liefern. Viele Schwiegertöchter können sich nicht aus den Strukturen befreien, die zu Lasten der eigenen Kinder gehen.

Mit Geld hält die Oma sich die Enkel gefügig. Selbst wenn die Enkel der Großmutter zum Geburtstag gratulieren oder mal so zu Besuch kommen, werden sie entlohnt. Schon drei Wochen vor dem Zeugnis gibt es für die Noten Geld, nur damit diese Oma die erste ist, die bezahlt hat. Wie die tatsächliche Leistung der Kinder war, spielt keine Rolle. Oftmals wird Omaliebe oder Zuwendung durch Geschenke ersetzt. Dabei spielt der Inhalt der Geschenkpakete oder die Eignung für das Kind nur eine untergeordnete Rolle. Hauptsache, das Paket ist größer als das der anderen Verwandten. So kann es schon mal vorkommen, daß ein Zweijähriger eine Eisenbahnanlage geschenkt bekommt, die laut Altersangabe erst für Kinder ab sechs Jahren geeignet ist. Natürlich wird von dem Jungen erwartet, nicht mit der Eisenbahn zu spielen, damit er sie nicht kaputtmacht. Spielt er trotzdem damit und zerlegt sie in Einzelteile, die vorher nicht so zahlreich vorhanden waren, ist die Mutter schuld, da sie dem Kind nicht einmal ein vernünftiges Spielen beibringen kann. Absichtlich untergräbt die Großmutter die Autorität der Eltern, indem sie Dinge schenkt, die zuvor von den Eltern abgelehnt wurden. Auf diese ignorante Art und Weise werden auch strikte Verbote der Eltern unterlaufen und das Familienklima vergiftet.

Mit den finanziellen Zuwendungen wird versucht, sich die Loyalität der Kinder zu erkaufen. Bei manchen Kindern fruchtet das auch, und so finden die Frauen Fürsprecher in ihren Enkeln. Diese Kinder verhalten sich, je älter sie werden, aber oft nur neutral, um die Zuwendungen, sprich: das Geld, nicht zu verlieren. Zieht das Kaufen bei älteren Kindern nicht mehr und entwickeln sie eigene Ansichten, kann die Oma sie kurzum nicht mehr leiden. Natürlich ist daran, daß sich das Enkelkind mehr von der Großmutter entfernt, die Schwiegertochter mit ihrer schlechten Erziehung schuld. Für viele Enkel ist das Bezahlen für jeden Besuch so zur Gewohnheit geworden, daß sie nicht mehr aus dem Bedürfnis heraus kommen, die Oma zu sehen, sondern nur, um abzukassieren, wenn wieder mal Ebbe in ihrer Geldbörse herrscht.

Der Enkel als unerwünschter Bastard

»Es ist ja nicht erwiesen, daß das Kind von meinem Sohn ist«: Diese Aussage wird immer dann gebraucht, wenn die Schwiegertochter schon vor der Ehe abgelehnt wurde. Die Kinder einer unwillkommenen Schwiegertochter werden einfach als Bastarde im Familienverbund ignoriert. Handelt es sich bei dem Vater der Kinder um einen Sohn minderer Güte und hat der Liebling der Mutter auch Nachwuchs, werden die Kinder vom Nichtliebling und seiner Frau als Kinder zweiter Wahl behandelt.

Harald, ein »Zweite-Wahl-Enkel«: *Weihnachten war ein großes Familienfest. Die Mutter meines Vaters wohnte zusammen mit uns im gleichen Haus. Meine Eltern hatten an Heiligabend die Bescherung für die ganze Familie auszurichten. Es kamen auch die beiden Brüder meines Vaters, von denen jeder eigene Kinder mitbrachte. Wir Kinder waren gebannt vor Spannung, was es für Geschenke geben würde. Unter dem Weihnachtsbaum waren viele Päckchen gestapelt. Die Kinder der Onkel hatten von Oma große Pakete unterm Tannenbaum. Mein Bruder und ich jeder eine Tafel Schokolade mit dem Kommentar: »Ihr habt ja alles!« Noch heute verfolgen mich diese Szenen. Es tat sehr weh, denn wir wußten nicht, warum wir so behandelt wurden.*

Irene: *Wir waren mit unserer Tochter zu Ostern bei den Schwiegereltern eingeladen. Auch die Geschwister meines Mannes mit ihren Kindern waren da. Die Kinder rannten in den Garten, um ihre Osternestchen zu suchen. Schnell kamen die Kinder der Geschwister mit ihren Nestchen ins Wohnzimmer zurück. Nur mein Mädchen suchte und suchte und suchte. Es stellte sich heraus, daß für sie kein Nestchen da war. Lange habe ich gebraucht, um sie zu trösten. Aus einem anderen Anlaß waren wieder alle aus dem Familienclan mit ihren Kindern versammelt. Die Kinder spielten im Garten. Schwiegermutter rief die Kinder zu Kakao und Kuchen. Nach und nach bekam jedes Kind ein großes Stück Kuchen auf der Terrasse serviert, nur meine Tochter wartete vergeblich. Als die anderen Kinder mit Kuchenessen schon fertig waren, kam sie ins Wohnzimmer und fragte die Oma, ob sie auch ein Stück Kuchen haben dürfe. »Warum willst du ein Stück Kuchen haben?« fragte meine Schwiegermutter. Meine Tochter antwortete: »Ich habe Hunger.« Daraufhin ging die Oma in die Küche, schnitt eine Scheibe trockenes Brot ab und sagte: »Da, für deinen Hunger ist das Brot gut genug!« Inzwischen weigert sich meine Tochter mit Händen und Füßen, zur Oma zu gehen.*

Es ist schlimm, wenn Schwiegertöchter nicht in der Lage sind, ihre Kinder vor solchen Demütigungen zu schützen. In anderen Fällen wird die Schwiegertochter als gänzlich unfähig hingestellt. Schwiegermutter übernimmt ganz selbstverständlich das Enkelchen zur besseren Erziehung. Nur an den Wochenenden sind diese Kinder bei ihrer leiblichen Mutter. Systematisch entfremdet die Schwiegermutter der Mutter ihr eigenes Kind. Die Woche verbringt die Oma damit, das arme Kind nach dem Zusammensein mit seiner Mutter wieder umzuerziehen. Solchem stetigen Umerziehen begegnen wir in vielen Familien. Kommt das Enkelchen zur Oma, geht's gleich los: »*Wie deine Mutter dich wieder mal rumlaufen läßt! Den Schmarren, den deine Mutter kocht, kann man doch Kindern nicht vorsetzen!*« Gebetsmühlenhaft wird den Enkeln die Unfähigkeit der Mutter eingebleut. Manchmal wird das Enkelkind, schon bevor es auf die Welt kommt, von der Schwiegermutter in Beschlag genommen.

Tanja: *Es war meine erste Schwangerschaft, und ich freute mich riesig auf unser Kind. Eines Tages sagte meine Schwiegermutter zu mir: »Warte nur ab, bis unser Kind erst mal da ist. Ich werde es dir sauber verziehen. Du und dein Mann, ihr werdet staunen, wie gut die Oma das Kindle bemuttern kann. Da habt ihr keine Chance gegen mich. Und außerdem ist es für eure finanzielle Lage sowieso besser, wenn du dir nach der Geburt so schnell wie möglich eine Arbeitsstelle suchst. Wie man ein Kind erzieht, davon hast du ja gar keine Ahnung! Keine Frage, daß ich unser Baby bestens aufziehen werde.« Nach dieser Unterredung war ich wie im Schock. Mein ganzes Denken drehte sich nur noch darum: Die will dir dein Kind wegnehmen.*

Manche von diesen ständig leidenden Schwiegermüttern bombardieren bei jedem Besuch die Kinder regelrecht mit ihrer Krankengeschichte. Natürlich wird dabei nicht vergessen zu erwähnen, daß die Mutter der Kinder ursächlich für jedes Leiden oder die ständige Verschlechterung verantwortlich ist. So bearbeitete Kinder können oft nächtelang nicht mehr richtig schlafen. Da es ihnen lange genug eingeredet wurde, versuchen sie des öfteren, ihrerseits die Mutter zu bearbeiten, damit sie doch das von Oma für eine Heilung so notwendige Wohlverhalten zeigt. Ständig plagt die Kinder ein schlechtes Gewissen, vielleicht noch mehr zum Wohlergehen der Großmutter tun zu können.

Aggressionen der Oma gegenüber zeigen sich bei Kindern, die ständig unter Druck gesetzt werden, meistens erst im Erwachsenenalter. Von vielen Kindern wird verlangt, nicht laut zu lachen, nicht zu spielen, keinen Lärm und keinen Dreck zu machen. Bei jeder Kleinigkeit bekommen sie eine Standpauke gehalten. Es wird von der Oma gefordert, daß sie sich ständig ruhig und wohlgesittet verhalten. Nie können sie etwas richtig machen. Jede Lappalie wird hergenommen, um den Kindern zu zeigen, wer der Chef ist. Auch Kinder, die ständig Angriffe auf ihre Mutter seitens der Oma mitbekommen, reagieren als Erwachsene noch mit aggressivem Verhalten der Großmutter gegenüber – was nicht weiter verwunderlich ist.

Oftmals wird den Kindern suggeriert, daß sie schuldig sind. Was können wir uns darunter vorstellen? Dem Kind wird z. B. andauernd erzählt, wie unfähig die Mutter ist, es zu erziehen. Irgendwann bringt das Kind dann sein Verhalten mit der Kritik der Oma in Verbindung. So auf die Art: »Wenn ich mich besser benehmen würde, könnte Oma nicht so viel über die Mutti schimpfen.« Die Kinder versuchen also, sich verantwortlich zu machen. Das kann soweit gehen, daß ein Kind zu seiner Mutter sagt: »Gell Mutti, wenn ich nicht geboren wäre, hättest du mit der Oma keinen Streit.« Die Kinder übernehmen nicht nur die Verantwortung, sondern auch die Schuld für etwas, das nur in ihrer kindlichen Logik existiert. Für sie ist kein ungezwungenes Kind-Sein mehr möglich. Bei den Kindern führt diese Belastung zu teils massiven Verhaltens- oder Persönlichkeitsstörungen. Manche Kinder wenden sich in ihrer Not deshalb an die Kindernotruftelefone. Auch Kinder, die wegen einer Behinderung »nicht in die Familie« der Schwiegermutter gehören, machen sich für ihre Behinderung verantwortlich. »Mit dir muß man sich ja schämen, du beschmutzt den Ruf meiner Familie! Mein Sohn kann nicht dein Vater sein, wer weiß, was deine Mutter so getrieben hat!« Wir können uns unschwer vorstellen, was ein solches Gerede in einer Kinderseele anrichtet. Ist es da verwunderlich, wenn ein Kind sagt: »Wenn ich nur tot wäre, dann braucht sich die Oma nicht mehr zu schämen. Auch Mutti hätte ihre Ruhe vor ihr!«

Gabriele: *Mein Kind hatte eine Hüftgelenksluxation. Mehrfache Operationen, bei denen das Hüftgelenk mit Nägeln fixiert wurde, waren notwendig. Das Kind mußte über Jahre hinweg langwierige und schmerzhafte Behandlungen über sich ergehen lassen. Da die Schwiegermutter keinen »Behinderten« in der Familie zulassen wollte (»bei uns kommt so was nicht vor!«), hat sie ständig an dem Kind herumgenörgelt und geschimpft. Keine Gelegenheit hat Schwiegermutter ausgelassen, um dem Kind zu vermitteln, wie abstoßend und scheußlich so eine »Behinderung« auf sie wirkt. Wie oft war das Mädchen verzweifelt über die offene Ablehnung der Oma! »Was habe ich getan, daß mich die Oma überhaupt nicht mag? Bestimmt ist sie zu dir auch nur so böse, weil ich da bin?« Diese Frage habe ich fast täglich gestellt bekommen. Endlose Tränen mußte ich dem Kind trocknen, und wieder und wieder habe ich dabei gesagt: »Du bist in Ordnung!« Die Angst vor den verbalen Angriffen jedoch konnte ich nicht wegreden.*

Wieder war die Kleine operiert worden, und wir brachten sie aus dem Krankenhaus nach Hause. Die Ärzte hatten uns noch die Ermahnung mit auf den Weg gegeben, daß sie nicht springen dürfe, nicht hinfallen, sich nicht stoßen und keinen Sport treiben dürfe. Wir haben die Verhaltensregeln im Kreis der ganzen Familie besprochen, damit jeder ein wenig Rücksicht und Vorsicht üben sollte. Nach diesem Gespräch begleiteten wir die Schwiegermutter zur Treppe in ihre Wohnung. Da sagte sie mit einem schneidenden Unterton in der Stimme zu der Kleinen: »Na, dann paß nur gut auf, daß du nicht mal die Treppe runterfällst!« Zuerst dachte ich, das ist wieder so eine dumme Bemerkung, die sich die Schwiegermutter hätte sparen können, und maß dem Ganzen nicht viel Bedeutung bei. Als ich dann aber die Reaktion meiner Tochter sah, hat sich das grundlegend geändert. Das Kind hatte, entmutigt durch die vielen Sticheleien, diesen Ausspruch als Drohung aufgefaßt. Die Oma hatte ihr schon so oft weh getan, daß sie jetzt in Panik geriet, wenn sie alleine Treppen gehen sollte. Wenn sie meine Schwiegermutter nur im Flur hörte, hat sie sich in ihrem Zimmer versteckt, damit ihr die Oma keinen Schaden zufügen konnte. Am Ende traute sich das Mädchen nicht mehr alleine aus der Wohnung. Überallhin mußte sie jemand von uns begleiten und vor dem Zugriff der Oma schützen. Der Gemütszustand meiner Tochter hat sich durch die quälende Angst so verschlechtert, daß eine Psychotherapie notwendig war. Ein ganzes Jahr Therapie war nötig, um dem Kind wieder ein angstfreies Leben zu ermöglichen.

Es ist für Außenstehende nur schwer nachvollziehbar, warum sich diese Schwiegertochter nicht aus den Klauen der bösartigen Schwiegermutter befreien kann. Ganz gleich, ob zuviel oder fanatische Liebe oder Ablehnung: Kinder verstehen nicht, was da geschieht. Sie werden zu Leidtragenden. Noch als Erwachsene haben sie mit den Folgen zu kämpfen. Einige sind nicht fähig, eine Beziehung aufzubauen. Viele von ihnen bedürfen als Erwachsene einer Therapie, um die Geschehnisse der Kindheit zu verarbeiten. Meist mangelt es den erwachsenen Enkeln auch an Selbstvertrauen. Nur unter großer Anstrengung sind Kinder, die glauben, sich »schuldig« gemacht zu haben, fähig, einem ordentlichen Berufsleben nachzugehen bzw. sich eine Karriere zu erarbeiten. Meist sind sie im Umgang mit Vorgesetzten und Kollegen stark gehemmt und können sich nicht durchsetzen. Große Schwierigkeiten haben sie häufig im Umgang mit ihren Finanzen. Zum einen haben sie die ständige Gewißheit, daß Oma die Löcher in ihrer Kasse wieder stopft, zum anderen wurde ihnen nach Möglichkeit jeder Wunsch erfüllt. Was dazu führt, daß die erwachsenen Enkel sagen: »Auf nichts mußte ich je verzichten, natürlich will ich auch jetzt alles Wünschenswerte haben.« Nie haben sie gelernt, dafür auch Leistung zu bringen oder daß eben im normalen Leben das Geld nicht für die Erfüllung aller Wünsche reicht.

Das Umfeld ist mitverantwortlich

Wenn es im Familienkreis oder dem Bekanntenkreis so mancher unserer Schwiegermütter mehr couragierte und offene Mitmenschen gäbe, wären viele dieser Frauen im Alter nicht allein und verlassen von ihren eigenen Kindern, die keinen anderen Ausweg mehr sehen, als sich zum eigenen und zum Schutz ihrer Familie gänzlich von der Mutter zurückzuziehen. Wie das gemeint ist? Nun, würden die Verleumdungen und üblen Nachreden und Lügen im Keim erstickt oder die Verursacherin von den Zuhörern offen zur Rede gestellt, würden die Frauen ihre Unart nicht weiter ausbauen können, und so würde im Endeffekt vermieden, daß den Kindern kein anderer Weg als der totale Rückzug bleibt.

Meist unauffällig und passiv: Der Schwiegervater

Viele von Ihnen haben sich bestimmt schon gefragt, warum ich bisher so wenig über die Schwiegerväter geschrieben habe. Das hat einen ganz einfachen Grund: In den Gesprächen mit den Schwiegertöchtern werden sie selten erwähnt, und wenn, dann nur am Rande. Kommt der Schwiegervater mal zur Sprache, erfahre ich in den meisten Fällen, daß er nichts gegen die Schwiegertochter einzuwenden hat oder hatte. Wenn er die Schwiegertochter ganz gut leiden kann, setzt ihm seine Gattin zu. Diese Sticheleien geschehen oft aus Eifersucht gegenüber der Schwiegertochter. Bald resigniert ein so bearbeiteter Schwiegervater und hält sich aus allem raus. Die Schwiegertöchter berichten mir auch, daß ihr Schwiegervater sehr wohl zu ihnen hält, aber gegen seine Frau keine Chance hat. Um seinen Ehefrieden nicht zu gefährden, zieht er sich am Ende lieber zurück. Solche Schwiegerväter glänzen dann durch Abwesenheit. Beim Stammtisch, im Bastelkeller oder im Garten entziehen sie sich jeder drohenden Auseinandersetzung. Es kann aber auch vorkommen, daß der Schwiegervater selbst wegen des Verhaltens seiner Frau leidet und es ihm für die jungen Leute leid tut.

In einigen Schwiegerfamilien kann es passieren, daß sich der Schwiegervater mit der Zeit von seiner Frau aufstacheln läßt. Die Unzufriedenheit mit der Schwiegertochter überträgt sich in vollem Umfang auf ihn. Er geht seinerseits gegen die Schwiegertochter und auch gegen seinen Sohn vor.

Es gibt auch Konstellationen, bei denen der Schwiegervater schon zu Anfang gegen die Schwiegertochter ist (30%). Im Verhalten ist dieser Schwiegervater dann genauso auffällig, wie ich es beim Problemfall Schwiegermutter beschrieben habe. Das Schwiegerelternpaar betreibt dann seine Ablehnungsstrategien gegen die Schwiegertochter gemeinsam.

Erstaunlich ist für mich die Tatsache, daß sich bisher keine einzige Schwiegertochter bei mir gemeldet hat, in deren Familie der Schwiegervater gegen, die Schwiegermutter aber für sie ist.

Am Anfang unserer gemeinsamen Gruppenarbeit wollte ich wissen, mit welchen Attributen die Schwiegertöchter ihren Schwiegervater versehen würden. Unter Mitarbeit der Teilnehmerinnen einer Gruppe aus einem der Ballungsgebiete von Nordrhein-Westfalen und deren Betreuerin entstand folgendes

Sozialprofil des Schwiegervaters:

- unbekannt
- sehr früh verstorben
- Ehe sehr früh (vor Erreichen des 12. Lebensjahres des Sohnes) geschieden

- alkoholabhängig, tablettensüchtig, spielsüchtig o. ä.
- häufig arbeitslos bzw. mit großen Unterbrechungen erwerbstätig
- infolge Krankheit sehr früh erwerbsunfähig (Frührentner vor dem 50. Lebensjahr)
- behindert (Seh-, Hörschäden, Gehbehinderung, psychische Schäden, Traumata)
- beruflich extrem stark eingespannt, erfolgreich (Managertyp, Selbständige)

...

- hält sich aus der Erziehung ganz bewußt heraus
- ist entweder der Freizeit- und Wochenendvater (im Scheidungsfall) oder der Sanktionierer, der nach Feierabend Ordnung schafft
- kein partnerschaftliches Verhalten im Umgang der Eltern miteinander (Machogehabe, Laß-mich-in-Ruhe-Gebaren)
- Resignation vor der vermeintlichen Erziehungserfahrung der Mutter (erlebt sich selber als inkompetent, selbstsüchtig und wirklichkeitsfremd im Umgang mit seinen Kindern)
- hat Minderwertigkeitskomplexe, oft in Kombination mit Krankheit, Arbeitslosigkeit, sexuellen Störungen
- fühlt sich nicht als ganzer Mann
- ist entweder unterfordert oder überfordert
- hat seine eigene Mutter oft als diejenige erlebt, die wußte, wo es langgeht
- hat ein identisches Vaterbild von seinem Vater – wie oben angeführt
- sehr traditionelles Rollenverständnis
- politisch und sozial wenig bis gar nicht engagiert oder aktiv auf Stammtischniveau

Von den meisten Schwiegertöchtern wird der Schwiegervater als liebenswert bezeichnet. Ihm gewähren sie gerne Handreichungen und übernehmen im Alter bereitwillig die Pflege, da keine Aversion besteht. Bei den 30% der ablehnenden Schwiegerväter ist oftmals ein fanatischer Ehrgeiz vorhanden, daß der Sohn das erreichen soll, was sie selber nicht geschafft haben. In ihrem Rollenverständnis hat der Sohn ebenfalls Demut und Gehorsam auszuüben. So einem Schwiegervater macht eine zu selbstbewußte Schwiegertochter angst und verursacht Unbehagen, deshalb ist sie in seiner Familie nicht erwünscht. Wie seine eigene Ehefrau meint er die Schwiegertochter beherrschen zu können, was sich diese nicht ohne weiteres gefallen läßt. Schon ist eine lebenslange Feindschaft geschaffen.

Keine Inszenierung hat ohne Publikum Erfolg

Wer von uns kennt das nicht oder war nicht schon dabei? Ein paar Leute treffen auf der Straße, beim geselligen Kaffeeklatsch oder sonstwo zusammen und unterhalten sich. Über dies und das, über den und die. Jeder kann ein wenig mitreden, weiß man doch immer wieder Neuigkeiten aus dem Bekanntenkreis. Das ist ganz normal, und keiner der Beteiligten wird daran Schaden nehmen, solange es sich nicht um Verleumdungen oder üble Nachrede handelt.

Kommt nun aber unsere Schwiegermutter mit ihren Anschuldigungen daher, wird zugehört. Schließlich will keiner die Greueltaten der Schwiegertochter überhören: *»Ach wie furchtbar ... Das ist aber gemein ...«* Mit solchen Kommentaren wird die Horrorgeschichte angenommen. Das Publikum geht mit, und der Akteur wird zu Höchstleistungen angespornt. Die Geschichten werden mehr und mehr ausgemalt. Kein Zuhörer bringt den Mut auf, zu sagen: *»Jetzt ist aber Schluß. Was da über eine Abwesende gesagt wird, ist verleumderisch oder unverschämt.«* Die Rednerin erhält im Gegenteil uneingeschränkte Aufmerksamkeit. Der Applaus ist ihr gewiß.

Ohne diesen Applaus und die passive Zustimmung der Zuhörer wäre das ganze Gerede schnell uninteressant. Den Verleumdungen und Diskreditierungen der Rednerin wäre so der Boden entzogen. Wenn die Gute nämlich merkt, daß ihre Geschichten nicht mehr ankommen, bzw. sie keine Zustimmung findet, vielleicht sogar Kritik erntet, ja, dann wäre sie von ihrem Getratsche schnell geheilt. Vergessen sollten wir hier die Tatsache nicht, daß Tratscherei bzw. die Tratschende auch eine gewisse Macht ausübt. Fürchten wir nicht sogar, daß sich die Klatschtante, in Ermangelung anderer Themen, uns zuwenden könnte? Keiner will die Aufmerksamkeit auf sich ziehen, und so sind viele froh, wenn die »Dame« Geschichten über andere Leute verbreitet und nicht über einen selber. Lieber schweigend zuhören, als durch Opposition reizen, heißt die Devise!

Weitaus schlimmer jedoch ist die Tatsache, daß sich sehr schnell auch Sympathisanten der Schwiegermutter einfinden. Diese beginnen nun ihrerseits die Verleumdungen weiterzuverbreiten.

Manche gehen sogar selber zum Angriff gegen die Schwiegertochter über. In dörflichen Gemeinschaften wird dann eine richtige Hatz gegen die junge Frau veranstaltet. Gleiches erleben wir auch in der Familie der Schwiegermutter. Jeder ist nur zu gerne bereit, die Jüngere zu verurteilen und gegebenenfalls auch anzugreifen.

Die Schwiegermutter findet bisweilen eifrige Helfer beim Terror gegen die Schwiegertochter. Sei es, daß sich andere Mitbürger an Kontrollanrufen und der Überwachung der Schwiegertochter beteiligen, oder daß sie nun ihrerseits die junge Frau telefonisch – und natürlich anonym – beschimpfen. Der Anruf einer solchen »Mitstreiterin« hat mich letztlich dazu veranlaßt, die Gruppe zu gründen. Damals hatte ich schon Abstand zur Schwiegermutter. Eines Morgens läutete das Telefon, und mir fuhr ein Schrecken in die Knochen, was jetzt wohl wieder kommen würde. Eine ältere Dame meldete sich, besser gesagt, sie keifte gleich in den Hörer: »*Sie Miststück! Wenn sich Ihre arme Schwiegermutter das Leben nimmt oder einen Herzinfarkt kriegt, dann sind Sie ihre Mörderin, und wir alle wissen das.*«

Rosi: *Meine Schwiegermutter hat einer Bekannten geschrieben, daß sie starke Zweifel daran hegt, daß unser Kind von meinem Mann ist. Diese Bekannte schrieb ihr zurück: »Sehr gut verstehe ich die Zweifel, daß Robert der Vater des Kindes ist. Was du mir alles über den Lebenswandel der Rosi geschrieben hast, macht das ja klar. Soll sie doch gehen, wenn es ihr bei dir nicht paßt. Ganz Wolkenkuckucksheim wird froh sein, wenn dieses Geschöpf aus dem Ort verschwinden wird. Früher hat man solche Weiber größenwahnsinnig genannt.«*

Gabriele: *Eines Tages kam eine Frau auf mich zu, von der ich wußte, daß sie ein paar Straßen weiter wohnt. Sie sagte zu mir: »Also, ich kann nicht glauben, was Ihre Schwiegermutter so erzählt. Sie mißhandeln Ihre Kinder bestimmt nicht!« Und dann erzählte Sie mir, wie mein Sohn die schönen Rosen in ihrem Garten bewundert hat. Im Laufe des Gespräches bat er sie, eine Rose mitnehmen zu dürfen. Er wolle sie seiner Mutter schenken, weil die immer so lieb zu ihm ist. »Das hat mich so gerührt und mir gezeigt, daß dieser Junge sicher nicht von Ihnen mißhandelt wird. Außerdem will ich Sie auf das Gerede, das über Sie im Umlauf ist, aufmerksam machen.«*

Hildegard: *Meiner Schwiegermutter ging es sehr schlecht. Mein Mann brachte sie in die Klinik. Tags darauf wurde sie operiert. Die erste herbe Niederlage erlitt ich ca. zwei Wochen später, als ich in der Klinik zufällig mitbekam, wie eine Bettnachbarin weitererzählte, daß ich mich nicht um die Wäsche meiner Schwiegermutter kümmern würde. Und das, obwohl ich gerade dabei war, einen Stapel der von mir frisch gewaschenen und gebügelten Nachthemden in den Schrank zu räumen. Da ich selbst nach einer operativen Nervenverlagerung am Arm gerade den Gips abgenommen bekommen hatte, war gerade das Bügeln der Wäsche für mich mit starken Schmerzen verbunden. Um so entsetzter war ich, als ich diese Vorwürfe zu hören bekam.*

Kurz vor der Entlassung aus dem Krankenhaus habe ich Schwiegermutter angeboten, die erste Zeit für sie zu kochen. Ihre Wohnung ist nur ca. 10 Gehminuten von unserer entfernt. Sie hat zugestimmt, und so habe ich jeden Tag ab 9.30 in der Küche gestanden, um für die Rekonvaleszentin zu kochen. Gegen 12.30 wurde sie mit Suppe oder Vorspeise, Hauptgericht und Nachspeise versorgt. Auch ein Stück Kuchen für den Nachmittagskaffee habe ich nicht vergessen. Als ich nach drei Tagen im Laufschritt, damit ja nichts kalt wird, bei ihr ankam, hatte sie schon gegessen: »Weißt du, ich bin es gewöhnt, um 11.30 zu essen. So lange, bis du ankommst, kann ich nicht warten.« Also begann ich am nächsten Tag bereits um 8.30 zu kochen. Etwa zweieinhalb Wochen später galoppierte ich mit meinem Essenskorb gerade um die Ecke der Wohnanlage, in der die Schwiegermutter wohnte, als mich eine mir unbekannte ältere Dame ansprach: »Sie sind ganz schön dumm!« Ich stutzte und antwortete: »Entschuldigung, aber ich kenne Sie nicht. Wie kommen Sie dazu, mir zu sagen, ich sei dumm?« Die Frau antwortete: »Sie springen jeden Tag mit dem Essen für Ihre Schwiegermutter. Wissen Sie denn nicht, daß sie erzählt, erst haben die mich ins Krankenhaus geschufft, um mich loszuwerden, jetzt muß ich auch noch den abscheulichen Fraß meiner Schwiegertochter essen. Die will mich wohl vergiften.« Monate später erst habe ich über diese Demütigung gesprochen. Als ich meine Schwiegermutter deswegen zur Rede stellte, hat sie jede Beteiligung abgestritten. Ein paar Tage später jedoch erwähnte sie meinem Mann gegenüber, das kann nur die Frau Soundso gewesen sein, mit jemand anderem habe sie darüber nicht gesprochen.

Hinweise auf solche Verleumdungskampagnen der Schwiegermütter sind allerdings sehr selten. Mehrheitlich scheint es zu reizen, Öl in das Feuer zu gießen. Wenn es in einer anderen Familie so richtig kracht, hat mancher Außenstehende seinen Spaß dabei. Paradox dabei ist, daß manche der Schwiegermütter durchaus als »Ratschkatteln« bekannt und verschrien sind. Trotzdem gehen viele nur zu gerne auf die Tratschereien ein.

Ilona: *»Wir wohnen in einem kleinem Vorort. Meine Schwiegermutter hat seit zwanzig Jahren die Nachbarn so gegen mich aufgehetzt, daß sie mich offen attackieren. Neulich war ich im Garten und habe mit meinem Mann zusammen gelacht. Schon hörten wir die Nachbarin rufen: »Jetzt lacht die dumme Kuh auch noch so blöd.« Zu Hause fühle ich mich eingeengt, ständig beobachtet und beurteilt oder – besser noch – verurteilt von meiner Schwiegermutter und der Nachbarschaft.*

Katharina: *Wir wohnen im Haus neben dem der Schwiegermutter. Das Verhältnis war von Anfang an denkbar schlecht. Im ganzen Ort wurde über mich hergezogen. Eines Tages habe ich im Garten Wäsche aufgehängt. Als ich die zweite Maschinenladung aufhängte, hörte ich meine Schwiegermutter in ihrem Haus laut um Hilfe rufen. Sofort habe ich alles liegenlassen und bin ihr über die offenstehende Terrassentür zu Hilfe geeilt. In dem Moment, als ich zur Schwiegermutter in die Küche kam, wurde von außen die Haustüre aufgesperrt und eine entfernte Verwandte, die am anderen Ende des Ortes wohnt, stürzte herein. Und dann kam es! Meine Schwiegermutter hat gejammert, ich hätte sie niedergeschlagen. Nach kürzester Zeit, ohne daß eine der Damen telefoniert hatte, kam die Polizei. Meine Schwiegermutter wurde ins Krankenhaus gebracht und ich wie eine Schuldige verhört. Können Sie sich vorstellen, wie deprimierend und peinlich dieses Verhör für mich war? Die Schwiegermutter wurde im Krankenhaus gründlich unter-*

sucht. Von den Ärzten wurden keinerlei Verletzungen bei der Schwiegermutter festgestellt. Durch ihre Angaben, daß ich sie bisher zu jeder Gelegenheit und fast an jedem Tag schwer verprügelt hätte, wurde sie jedoch unglaubwürdig. Auch die Verwandte ist umgefallen, nachdem ihr Widersprüche in ihrer Aussage nachgewiesen werden konnten. So wurde ich zwar vor der Polizei rehabilitiert, aber im Ort wird immer noch hinter vorgehaltener Hand gemunkelt, ich hätte diese Frau mißhandelt.

Es ist für Außenstehende schwer zu glauben, wie die Schwiegertöchter überhaupt in solche Situationen geraten können, aber das Ausmaß an seelischem Druck, der auf diese Frauen ausgeübt wird, ist unvorstellbar. Eines ist deutlich: Bei diesen Hetzereien ist die Schwiegertochter die Leidtragende, da sie als die Jüngere nicht so glaubwürdig wie die Schwiegermutter ist. Viele Demütigungen ließen sich jedoch verhindern, würden einige mehr die Schwiegertochter auf solches Gerede aufmerksam machen. Wenn gleichzeitig der Älteren auch noch signalisiert wird, daß solche Anschuldigungen nicht toleriert werden, ist schnell Ruhe. Denn das wollen diese Damen auf keinen Fall – für ihre Verleumdungen oder die üble Nachrede zur Verantwortung gezogen werden.

Auch von der Familie der Schwiegermutter werden die neu dazugekommenen Schwiegertöchter attackiert. Obwohl die Familie oftmals selbst schon schlechte Erfahrungen mit der Schwiegermutter gemacht hat, wird dennoch die junge Frau verurteilt: *»Ihr wißt doch, wie sie ist«*. Diesen Kommentar kennt jede von uns, die sich einmal um Hilfe oder Beistand an ein Familienmitglied gewandt hat. Man schaut lieber weg, wenn Unrecht geschieht. Genau diejenigen, die so geflissentlich zur Seite schauen, sind im Gegenzug dann aber die ersten, die Verleumdungen und üble Nachrede mit Freuden an den Rest der Sippe weitergeben. Obwohl sie das ständige Gemekkere der Schwiegermutter zur Genüge kennen, steigen sie mit ein und bearbeiten das junge Ehepaar: *»Kümmert euch mehr um die Mutter. – Die alte Frau hat sich schon eine bessere Behandlung durch euch verdient.«* Und zum Sohn: *»Du hast deine Frau nicht im Griff. Du bist kein richtiger Mann, wenn du dich nicht gegen sie durchsetzen kannst!«* Dies sind beinahe Standardsätze, wie sie jeder von uns mindestens einmal untergekommen sind. Durch diese Umgangsformen in vielen Familien werden nicht nur die jungen Leute ins Abseits gedrängt, sondern am Ende auch die Schwiegermutter, da sie ungebremst ihre Unarten ausbauen kann und so irgendwann alleine gelassen wird.

Dabei ist es mit etwas Zivilcourage leicht zu lernen, kein Publikum darzustellen. Schließlich animiert gerade die passive Haltung zum Weitermachen. Unsere Nächstenliebe können wir sehr gut demonstrieren, indem wir die uns gänzlich Unbekannte nicht verurteilen und abstempeln, nur weil uns jemand einreden will, wie schlecht diese angeblich ist. Egal ob Verwandte, Bekannte oder Nachbarn, jeder kann sich vorstellen, wie weh es tut, von Menschen abgeurteilt zu werden, ohne daß man sich gegenseitig kennt.

Die Schwiegermutter: Ein familienpolitisches Tabu

In der Sendung »Brisant«, die am 09. 08. 95 von der ARD ausgestrahlt wurde, war der Schwiegermutterkonflikt Thema des Tages. Nach einem Beitrag über meine Initiative wurden die Zuschauer aufgefordert, per Telefonumfrage mitzuteilen, ob sie Probleme mit der Schwiegermutter hätten. Mehr als zwanzigtausend Anrufer beteiligten sich an der Aktion. Davon gaben 58,5% »ja« an. Auch bei Ehescheidungen spielt der Schwiegermutterkonflikt eine nicht unerhebliche Rolle.

Beratungsstellen: Manche sind auf die Problematik nicht vorbereitet

Aufgefallen ist mir allerdings, daß gerade bei Beratungsstellen der Anteil der Schwiegertöchter, die sich dort Rat und Hilfe holen, erstaunlich gering ist. Die Erklärung dafür finden wir im Verhalten der Schwiegertöchter. Direkt mit dem Problem Schwiegermutter wagt sich selten eine Frau zur Beratung. Erst wenn durch die ständigen Querelen auch noch die Ehe zerrüttet ist, wenden sich die Frauen an eine Hilfestelle. Dort wird allerdings das Eheproblem zu wenig auf den Schwiegermutterhintergrund untersucht. Da die Schwiegertochter eine starke Hemmschwelle hat, über die Mutter des Mannes zu sprechen, wird folglich nur auf die vordergründige Ehekrise eingegangen. Der eigentliche Auslöser, die Schwiegermutter, wird verschwiegen oder geflissentlich übersehen. Das gilt ebenso für psychologische und psychiatrische Konsultationen. Die Frauen sind eher bereit, ihre Ehe als Auslöser für ihre Beschwerden anzugeben.

Dies ist meiner Meinung nach der Hauptgrund, warum viele Beratungs- oder Ansprechstellen auf diese Problematik nicht vorbereitet sind. Zusätzlich halten Wartezeiten von einem halben Jahr und mehr, wie es gerade in Ballungsgebieten häufig der Fall ist, viele Frauen davon ab, sich Hilfe zu holen.

Auch sind mir schon staatlich unterstützte Beratungsstellen untergekommen, die sagen: *»Mit so etwas wollen wir hier nichts zu tun haben. Das passiert in unserer Stadt nicht!«* Klar, daß sich keine betroffene Schwiegertochter um Rat und Hilfe an diese Institution wenden wird. Hier wäre ein Umdenken vonnöten. Wir artikulieren uns schließlich nicht, um unsere Schwiegermutter zu diskriminieren, sondern weil wir in Not sind und dringend Hilfe brauchen. An andere betroffene Schwiegertöchter möchte ich appellieren: Holt euch Hilfe und laßt euch beraten. Nennt euer Problem beim Namen. Nur so haben die Beratungsstellen die Möglichkeit, diese Problematik ausführlich kennenzulernen. Viele dieser Institutionen sind sehr aufgeschlossen und bemüht, effektive Hilfestellung zu leisten, wenn die Problematik erst einmal erkannt ist. In den Statistiken der Beratungsstellen erscheinen wenige Schwiegertöchter, da als Ausgangspunkt der Beratung nur eine Eintragung möglich ist. Wenn nun die Schwiegertochter ihr Schwiegermutterproblem nicht direkt anspricht, erscheint dann ein Eheproblem oder mangelndes Selbstvertrauen in der Erfassung. Hier sollte jede Schwiegertochter in Zukunft darauf bestehen, daß der tatsächliche Anlaß ihres Hilfeersuchens, nämlich die Schwiegermutter, eingetragen wird. Ferner sind die Beurteilungen über den Grund der Konsultation im subjektiven Ermessen des Beraters/der Beraterin, was mit dazu führen kann, daß unerwünschte Gründe einfach einen anderen Namen bekommen. Mit unserem Problem ernst genommen werden wir aber nur, wenn genügend Daten über die Häufigkeit der Problematik vorliegen, denen sich keiner mehr verschließen kann. Um die für uns so wichtige Anerkennung unseres Schwiegermutter-Konfliktes zu erhalten, müssen wir darauf bestehen, mit diesem auch aktenkundig zu werden.

Bei Psychotherapien verhält es sich ähnlich. Von den mir bekannten Schwiegertöchtern, die eine Therapie gemacht haben, geben nur 29% den Erfolg der Therapie mit gut an. Die Hälfte teilte mir mit, zwar persönlich von der Therapie profitiert zu haben, für ihr Schwiegermutter-Problem aber keine oder unzureichende Hilfe erhalten zu haben. Auch hier halte ich es für erforderlich, mehr auf unsere spezielle Problematik aufmerksam zu machen.

Hat sich eine Schwiegertochter entschlossen, eine Ehe-, Familien-, Psycho- oder Verhaltenstherapie zu machen, ist es sehr wichtig, den Therapeuten/in sehr sorgfältig auszuwählen. Wer sich bei der Therapie nicht richtig wohl fühlt, dem Therapeuten nicht das nötige Vertrauen entgegenbringen kann oder ein sonstiges Mißempfinden hat, sollte sich auf keinen Fall scheuen, einen anderen Platz zu suchen. Diejenigen, denen durch eine fachgerechte Therapie Hilfe und Unterstützung zuteil wurde, machen uns Mut, es weiter zu versuchen, bis der passende Therapeut gefunden ist. Ich selbst habe schon mit einigen Psychologen, Psychotherapeuten oder Familientherapeuten gesprochen, die ich für sehr fähig halte. Allerdings habe ich auch solche kennengelernt, denen ich mich nie und nimmer anvertrauen würde.

Ulrike: *Der Schwiegermutter und meinem Mann habe ich immer zu wenig Widerstand entgegengesetzt. Um zu lernen, mich besser zu behaupten, habe ich einen nicht gerade billigen Selbstbehauptungskurs bei einer Therapeutin mitgemacht. Als hätte ich bis dahin wie ein treudoofes Schaf alles hingenommen, so bin ich mir in dem Kurs vorgekommen. Während des Kurses hat mich die Therapeutin richtig aufgehetzt. Wie stark kam ich mir nach jeder Stunde vor. Meine neugewonnene Stärke habe ich natürlich ausgiebig meinem Mann gegenüber*

demonstriert. Selbst zu Dingen, bei denen mein Mann meine Mithilfe dringend gebraucht hätte, habe ich nein gesagt. Mit meinen ständigen Verweigerungen bin ich gewaltig über das Ziel hinausgeschossen. Mein Mann hat ein Stoffwechselleiden, das sich durch große Aufregungen verstärkt. So geschah es eines Tages, als ich ihm mal wieder meine Hilfe verweigerte – ich hatte ja im Kurs gelernt, daß ich immer nein sagen muß, um mich zu behaupten –, daß mein Mann ausrastete. Die ganze Sache hätte böse enden können. Zuerst hat mein Mann versucht, mit der Therapeutin über einen Ausweg aus unserer verfahrenen Situation zu reden. Nie war sie für ein Gespräch zu erreichen. Als wir daraufhin versuchten, gemeinsam mit der Therapeutin einen für uns beide annehmbaren Weg zu finden, hat sie sich verleugnen lassen.
Inzwischen sind mein Mann und ich alleine zu einem tragfähigen Kompromiß gekommen. Von Selbstbehauptung habe ich erst mal die Nase voll. Meiner Meinung nach hätte die Therapeutin viel umsichtiger und vorsichtiger an die Umsetzung der Selbstbehauptung herangehen müssen. Sie hätte, wenn sie schon so etwas vermittelt, die Erfahrung haben müssen, daß sich auch Selbstbehauptung nicht mit der Brechstange durchführen läßt.

Therapie ohne Erfolg – das muß nicht sein

Zu der Zeit, als ich keinen Ausweg mehr sah, rief ich bei verschiedenen Beratungsstellen in Augsburg an. Nach längerer Suche hatte ich jemand gefunden, der sich zuständig erklärte, und bekam einen Termin. Die Gespräche haben mir geholfen, wieder Boden unter die Füße zu bekommen. Endlich habe ich den Mut gefunden, mir einzugestehen, daß das, was da passiert ist, nicht von mir toleriert werden muß. Allerdings wirkte es sich für mich als sehr störend aus, daß ich fünfundfünfzig

Minuten erzählen sollte, was die Schwiegermutter wann, wo und wie gemacht hat. Mein Seelenzustand fand nur am Rande Aufmerksamkeit. Nach jeder Sitzung ging ich mit dem bitteren Nachgeschmack nach Hause, wieder mal furchtbar über Schwiegermutter hergezogen zu sein. Dabei wollte ich nur die Schäden in meinem Innersten verarzten. Eigentlich hatte ich überhaupt keine Lust mehr, der Verursacherin der größten Krise meines Lebens soviel Bedeutung beizumessen. Viel lieber wollte ich wissen, warum das gerade mir passiert ist. Wo und wie waren die Hintergründe, wo fand ich eine plausible Erklärung? Als nach ein paar Sitzungen die Therapeutin zu mir sagte: *»Sie haben zu viel Verantwortung für Ihre Schwiegermutter übernommen, geben Sie diese Verantwortung Ihrem Mann zurück!«*, war ich ziemlich ratlos. Hatte ich nicht geheiratet, um mit meinem Mann Freud und Leid zu teilen? Konnte ich nicht selber miterleben, wie mein Mann kämpfte, um Ruhe in unser Leben zu bringen? Ihn in dieser Situation alleine zu lassen, hätte für mich bedeutet, unsere Ehe in Frage zu stellen. Das konnte ich mit mir nicht vereinbaren.

Als Konsequenz habe ich die Familientherapie beendet. Wie mir geht es vielen Frauen, die sich doch zu einer Therapie aufraffen. Fühlen wir uns nicht noch mehr alleine gelassen? Auch der Ausspruch: *»Das ist eindeutig das Problem Ihres Mannes! Nur er ist schuld, da er sich noch nicht richtig von seiner Mutter gelöst hat!«* ist nicht gerade geeignet, uns Trost zu spenden oder neue Perspektiven aufzuzeigen. Ganz im Gegenteil! Wie ein Schlag ins Gesicht sind solche Aussagen für uns. Sehen wir nicht täglich mit an, wie unsere Männer versuchen, die Mutter zur Räson zu bringen? Wie sie immer wieder sagen: *»Bitte, hör auf damit, Mutter!«* Was sollen sie denn noch tun, um eine erwachsene Frau davon abzuhalten, ihre Frau und ihre Familie zu zerstören? Sehen wir unseren Mann nicht täglich leiden? Nein – wir sind nicht bereit, unseren Mann im Stich zu lassen, wenn seine Mutter wie eine lästige, abgewiesene Geliebte versucht, in die Familie Zank und Streit zu bringen. Solche Aussagen sind auch eher dazu geeignet, Ehen zu zerstören, als dem jungen Paar Hilfestellung zu geben.

Einige Monate nach meiner ersten Therapie war ich im Rahmen meiner Tätigkeit bei einer anderen Beratungsstelle zur Supervision. Dies sollte eigentlich dazu dienen, mir für meine Arbeit mit den Schwiegertöchtern Hilfestellung zu geben. Hier bekam ich einen kleinen Einblick in die Transaktionsanalyse. Siehe da! So nebenbei bekam ich meine Fragen nach dem Warum beantwortet. Das heißt, ich bekam die Fragen nicht beantwortet, sondern es wurden mir Wege gezeigt, mir die Fragen selber beantworten zu können. Dies war für mich der Beweis dafür, daß nicht jede Beratung und jede Therapie immer den gewünschten Erfolg bringt. Begebe ich mich aber auf die Suche und probiere verschiedene Möglichkeiten aus, kann ich das für mich Optimale erreichen. Die begeisterten Schwiegertöchter, die erfolgreich eine Therapie gemacht haben, bestätigen dies auch. Wichtig ist deshalb: Es gibt viele Therapeuten/innen und vielfältige Therapieformen. Jede sollte sich deshalb sorgfältig die für sie passende heraussuchen. Der Erfolg lohnt die Mühe!

Bequem: Der Sohn und Ehemann als Schuldiger

Gerade aus familienpolitischer Sicht mußte ich bei meiner Arbeit feststellen, daß man es sich allerdings sehr einfach macht, die Schuld dem Ehemann zu geben. Muß doch da keiner an den »Mythos Mutter« ran. Sicher werden in unserem Staat junge Frauen, die ihre Kinder körperlich mißhandeln, bestraft. Über solche Vorkommnisse regt das Volk sich ja auch furchtbar auf. Vollkommen anders sieht es jedoch aus, wenn eine Frau, die ab einem Alter von über vierzig Jahren einen geradezu verklärten Mutterstatus genießt, ihre Kinder seelisch mißhandelt.

Undenkbar, daß ein politisch Verantwortlicher so was auch nur ausspricht. Deshalb brauchen wir den »Schuldigen Mann«. Er verhindert, daß jemand die Problematik auf den Schwiegermutterhintergrund hin untersuchen muß. Was den Sohn nicht von der Pflicht entbindet, sich selber seine Gedanken zu machen.

Selbst wenn wir Straftaten ausgesetzt sind, haben wir wenig Hilfe zu erwarten. Es ist kein Vermittler da, keine offizielle Stelle, die uns mit Rat und Tat zur Seite steht. Sicher können wir Strafanzeige erstatten. Meistens wird diese jedoch auf den zivilen Klageweg verwiesen oder sogar eingestellt, weil kein öffentliches Interesse vorliegt. Dabei wäre oft schon hilfreich, wenn ein amtlicher Vermittler eingeschaltet werden könnte. Anzeige will sowieso fast keine Schwiegertochter erstatten. Mancher Schaden für die junge Familie könnte aber begrenzt werden, wenn eine offizielle Ermahnung ausgesprochen würde. Auch die Möglichkeit »Therapie statt Strafe«, wie beim Modellversuch gegen männliche Gewalttäter in der Familie, wäre keine schlechte Lösung.

Gabriele: *Ich war gerade dabei, den Flur zu putzen. Wie von einer Tarantel gestochen, stürzte meine Schwiegermutter aus ihrer Wohnung. Grundlos ging sie unter wüsten Beschimpfungen auf mich los: »Du asoziale Hure, Miststück, Versagerin«, waren nur einige der Freundlichkeiten, mit denen sie mich bedachte. Immer näher kam sie mir, und immer mehr verlor sie die Beherrschung. Sie hatte sich regelrecht in Rage geschimpft. Mir wurde ihr Gebaren unheimlich, und ich bin mit meinen Kindern in die Küche geflüchtet. Die tobende Schwiegermutter hinterher. Inzwischen hatte sich bei mir, angesichts dieser total ausgerasteten Frau, Panik breitgemacht, und ich versuchte, die Küchentüre zuzuhalten. Es entstand ein Gerangel, in dessen Verlauf es mir gelang, meine Schwiegermutter rauszudrängen und die Türe zu versperren.*

Meine Angst, die Tobende würde meinen Kindern oder mir etwas antun, veranlaßte mich, die Polizei zu rufen. Zuerst bereitete es mir große Mühe, die Beamten davon zu überzeugen, daß wir Hilfe brauchten. Endlich hatte ich die Polizisten soweit, daß sie mir ihr Kommen zusagten. Eine dreiviertel Stunde verbrachten meine Kinder und ich eingesperrt in der Küche. Die ganze Zeit hat die Schwiegermutter versucht, die Türe mit Gewalt aufzubrechen. Als die Polizisten nach endloser Zeit endlich kamen, verhielten sie sich sehr distanziert. Obwohl die Türe stark beschädigt war und meine Kinder total verstört in der Ecke zusammengekauert saßen, meinten sie: »Es ist doch nichts passiert. Dies ist eine familieninterne Sache, und man sollte sich genau überlegen, ob man beim nächsten Mal wegen so was die Polizei belästigen sollte.« Angesichts der zerstörten Tür und der ängstlichen, verstörten Kinder konnte ich mich über soviel Desinteresse nur noch mehr aufregen.

Schwarze Löcher in der Rechtspflege: Beispiel häusliche Pflege

Weit verbreitet und sehr beliebt ist die Praxis, ein Häusle oder Grundbesitz schon sehr früh zu überschreiben, um die Erbschaftssteuer zu sparen. Dabei wird meist bei oder kurz vor einer anstehenden Eheschließung des Sohnes der Besitz der Eltern auf diesen überschrieben. Üblicherweise geschieht das mittels eines Vertrages, der vom Notar aufgesetzt wird. Natürlich fehlt in dem Vertrag das Wohnrecht der Eltern ebensowenig wie eine Klausel, daß die Eltern »im Rahmen der Möglichkeiten und Fähigkeiten« im Alter und/oder Krankheit gepflegt werden müssen.

Wohlgemerkt, der Sohn wird als neuer Besitzer eingetragen. Die Schwiegertochter erhält als Fremdkörper meistens keinerlei Besitzrechte. Geschwister des Mannes erhalten ohne jegliche zusätzliche Verpflichtungen ihren Anteil ausbezahlt. Sohn und Schwiegertochter zeichnen fortan für die Renovierungen und den Erhalt des Besitzes verantwortlich. In zwanzig oder dreißig Jahren investieren die beiden so eine Menge Kapital.

Nehmen wir nun an, fünfundzwanzig Jahre lang hat die Schwiegermutter ihre Schwiegertochter mit allen Mitteln bekämpft und gedemütigt. Jetzt ist Schwiegermutter pflegebedürftig. Der Sohn kann es sich nicht erlauben, mit fünfzig Jahren aus dem Erwerbsleben auszuscheiden. Die Schwiegertochter hat zwanzig Jahre lang für ihre Kinder gesorgt und vor fünf Jahren gerade wieder den Einstieg ins Berufsleben gewagt. Natürlich verdient sie bedeutend weniger als ihr Mann, da ihr die Erziehungszeiten und damit die Berufspraxis fehlen. Was liegt also näher, als daß nicht der Sohn und Besitzer, sondern die gedemütigte Schwiegertochter die Pflege übernehmen muß. Was es für eine Frau bedeutet, ihre Peinigerin zu hegen und pflegen, kann sich jeder selber ausmalen. Viele Frauen haben mich in Panik angerufen und gesagt: *»Ich bringe es nicht fertig, diese Frau auch noch anzufassen!«* Wieviel Elend für beide Seiten hier vorprogrammiert ist, können wir uns an den Fingern abzählen. Oder die Pflege fällt nicht gerade liebevoll aus, genau so nämlich, wie die Schwiegertochter die ganzen Jahre behandelt wurde. Wer kann es ihr verdenken? – Oder was ist, wenn die Eltern der Schwiegertochter selbst Pflege brauchen und sie diese auch gerne übernehmen würde? Muß sie im ungünstigsten Fall vier alte Menschen pflegen? Soll sie sich von ihrem Mann trennen oder soll sie ihre eigenen Eltern alleine lassen?

Warum ist es erlaubt, daß sich die anderen Geschwister mit ihrem Anteil total aus der Verantwortung stehlen dürfen? Hier wird die Frage aufgeworfen, wo der Gleichheitsgrundsatz bleibt. Es gibt keine Regelung, daß jemand den Anspruch auf Pflege durch sein Verhalten verwirken kann.

Jeder sollte für sich entscheiden, ob ihm der Besitz so große, oft unmenschliche Opfer wert ist. Dabei wäre es allerdings wichtig, daß gerade der junge Mensch über die Folgen, die eine solche Abmachung unter Umständen für ihn und seine Frau haben kann, besser aufgeklärt wird: *»Da müssen Sie halt dann ab und zu für Ihre Eltern einkaufen«* genügt nicht. Außerdem bin ich der Meinung, daß diese Vereinbarungen gegen die sogenannten guten Sitten verstoßen, da sämtliche Rechte nur auf einer Seite liegen. Ohne ausreichende Aufklärung ist der junge Mensch nicht in der Lage, Krankheits- oder Pflegebedürftigkeit seiner zu dem Zeitpunkt meist noch recht mobilen Eltern zu überschauen. Auch werden diese Verträge wie selbstverständlich auf dem Rücken der Schwiegertochter abgeschlossen. Unter der Hand geht jeder davon aus, daß im Endeffekt die Frau die Pflegeleistung erbringt.

Hier gilt es vernünftige Regelungen zu finden. Wird nicht die Ehefrau durch Kindererziehung und, wenn sie damit fertig ist, durch die vorgeschriebene Pflege der Älteren gehindert, am Arbeitsleben und der so gepriesenen Gleichberechtigung teilzuhaben? Wohlgemerkt, wir stellen uns nicht gegen die Sorgfaltspflicht gegenüber der älteren Generation! Was uns verärgert ist vielmehr die Tatsache, daß ein Gewohnheitsrecht darüber entscheidet, was wir zu tun haben. Egal ob wir guten oder schlechten Kontakt zu den Schwiegereltern haben, von uns wird erwartet, die Pflegeleistung zu erbringen. Jede Schwiegertochter, die anständig behandelt worden ist, wird sich nicht scheuen, für die gebrechlichen oder pflegebedürftigen Eltern des Mannes dazusein. Nach jahrelangem Terror und Leid dagegen ist die Grenze der Belastbarkeit und des Zumutbaren mehr als überschritten. Dem jüngeren sowie dem älteren Menschen ist in einem solchen Falle nicht damit gedient, daß beide Parteien auf Gedeih und Verderb voneinander abhängig gehalten werden.

Hilferuf an politisch Verantwortliche

Nachdem ich mit zahlreichen Leidensgeschichten und den daraus resultierenden Konsequenzen für die jungen Frauen konfrontiert war, wurde es mir klar, daß ich alleine nicht in der Lage bin, all das zu tragen. Der gemeinwirtschaftliche Schaden, der durch die Krankheiten der Schwiegertöchter entsteht, ist auch nicht gerade als gering zu bezeichnen. Es mußte doch ein Verantwortlicher zu finden sein, der die Problematik ernst nehmen und sich für die Belange der Schwiegertöchter einsetzen würde. Wie ich bei meinen Recherchen feststellte, hatte sich bis dahin noch niemand wissenschaftlich mit dieser Thematik auseinandergesetzt. Na ja, dachte ich mir, wenn die erst mal erfahren, wie ernst das Problem wirklich ist, werden wir bestimmt Hilfe, Anerkennung und Beistand bekommen. So verschickte ich folgenden Brief an mehrere Stellen, von denen ich annahm, dort mit unserer Sache am richtigen Platz zu sein.

Augsburg, den 01. 10. 95

Betreff: Belange der Schwiegertöchter

Sehr geehrte Damen und Herren,

im April dieses Jahres habe ich aus eigener Betroffenheit heraus die bundesweit erste Selbsthilfegruppe für Schwiegertöchter gegründet. Durch Mißverständnisse wurde dann meine private Telefonnummer bundesweit veröffentlicht. Auch wurde in allen Medien über meine Initiative berichtet. Nun haben sich über achthundert betroffene Schwiegertöchter telefonisch und schriftlich um Rat und Hilfe an mich gewandt. Es entstanden bis heute in zehn weiteren Städten Selbsthilfegruppen.
Im Erfahrungsaustausch mit anderen Gruppen und durch Berichte der Frauen sind verschiedene Auffälligkeiten ans

Licht gekommen. Es kommt hinter den Türen immer wieder zu Straftatbeständen und Verletzungen der Grundrechte. Hier ein kleiner Auszug der Straftaten, die aber, weil kein öffentliches Interesse vorliegt, nicht geahndet werden können:

- *Verleumdung, Rufmord: »Schwiegertochter ist eine Hure, das Kind ist nicht vom eigenen Mann, die Kinder werden von der Schwiegertochter mißhandelt …«*
- *Körperverletzung: »Schläge, versteckte Verabreichung von Alkohol bei trockenen Alkoholikerinnen, bei Sehbehinderten Aufbau von Fallen im Treppenbereich …«*
- *Sachbeschädigung, Unterschlagung: »Zerstören von Erinnerungsstücken, zerstochene Reifen, Briefe und andere Post werden gelesen oder man läßt sie verschwinden …«*
- *Terror: »Am Telefon, Klatsch als Mittel zur Diffamierung, Drohbriefe, anonyme Hinweise an Polizei, Jugendamt, Arzt, Verwandte und Bekannte sowie Nachbarn, oft ganze Ortschaften …«*
- *Nötigung: »Zum Schwangerschaftsabbruch, bei Erbschaft muß die Schwiegertochter unterschreiben, daß sie die Schwiegereltern pflegt bis ans Lebensende, Enterbung wird angedroht, wenn man nicht pariert …«*
- *Erpressung: »Auch wegen Erbschaft, ich werde krank, wenn ihr widersprecht, ich tue mir etwas an …«*
- *Überwachung: »Durch Kontrollanrufe, Nachbarn müssen spionieren, Einsperren der Schwiegertochter in die Wohnung, Post wird gelesen …«*

Diese Liste ließe sich noch endlos fortsetzen. Es erscheint in vielen Fällen, daß die Frauen bei ihrer Heirat ihre Grundrechte abgeben müssen. Viele dieser Vergehen werden auch gegenüber Kindern begangen.
Das Verhalten mancher Schwiegermütter hat zur Folge, daß

nicht nur die Schwiegertochter psychischen und physischen Schaden erleidet, sondern auch Kinder. Dadurch entstehen der Gemeinschaft nicht unerhebliche Krankheitskosten. Das Spektrum der Erkrankungen reicht von Depressionen, Magengeschwüren, Gürtelrose oder Herzleiden, Hautkrankheiten bis hin zu Drogen-, Tabletten- oder Alkoholsucht.

Deshalb finde ich, ist das, was da passiert, durchaus im allgemeinen Interesse, und der Gesetzgeber müßte sich, ähnlich wie jetzt bei der Vergewaltigung in der Ehe, dieser Frauen annehmen. Es kann doch nicht angehen, daß eine Frau, nur weil sie die jüngere ist, keine Rechte mehr hat.

Derzeit mache ich die ganze bundesweite Koordination und die Arbeit in der Augsburger Gruppe ehrenamtlich. Auch habe ich für die telefonische Beratung ein Extra-Telefon mit eigener Nummer bei mir installieren lassen. Viele Frauen sind nämlich nicht mal in der Lage, zu einem Gruppentreffen zu kommen, da sie zu sehr unter Überwachung stehen und es für sie unangenehme Konsequenzen hätte, wenn bekannt würde, daß sie sich an jemanden um Rat wenden. Auch die Briefe beantworte ich auf eigene Kosten. Könnten Sie mir vielleicht mit Anregung und Hilfe in bezug auf die Gründung eines Vereines oder einer sonstigen Rechtsform helfen? Verhindern möchte ich nämlich, daß jemand versucht, aus der Not dieser Frauen Geld zu machen. Bis jetzt arbeiten auch alle Gruppenleiterinnen ehrenamtlich, und wir finanzieren uns selber oder mit einem kleinen Unkostenbeitrag von den Frauen.

Extra betonen möchte ich, daß wir keinen Feldzug gegen die Personengruppe der Schwiegermütter führen. Es geht nur gegen eine kleine Gruppe von sehr extremen Schwiegermüttern. Dabei habe ich im Laufe meiner Arbeit auch festgestellt, daß es umgekehrt auch viele extreme Schwiegertöchter gibt, die genauso kriminell mit ihren Schwiegermüttern umgehen.

Was ich erreichen möchte ist, daß auch in dieser Problematik die Tabus fallen und daß Alt und Jung lernen, einander zu achten, zu ehren und zu akzeptieren, und daß jeder die gleichen Rechte hat. Auch, daß man die Vorkommnisse hinter den geschlossenen Türen herausholt und öffentlich darüber diskutiert und sie zur Kenntnis nimmt.
Es wäre außerordentlich wichtig für uns, wenn Sie sich unserer Probleme annehmen könnten. Bei evtl. Rückfragen oder für ausführliche Angaben stehe ich Ihnen gerne zur Verfügung.

Für Ihr Interesse und Ihre Bemühungen bedanke ich mich im voraus recht herzlich.

Mit freundlichen Grüßen *Ruth Gall*

Politisch Verantwortliche antworten

Der folgende Antwortbrief ist eine Abschrift des Originals. Selbstverständlich werde ich auch hier meinen Grundsatz der Anonymität beibehalten. Es ist lediglich anzumerken, daß die Antwort von einer, wie ich meine, höchst relevanten Stelle kam.

Sehr geehrte Frau Gall,

für Ihr Schreiben an (...), die mich gebeten hat, Ihnen zu antworten, danke ich Ihnen. Sie haben in Ihren Ausführungen auf einen sehr wichtigen Sachverhalt hingewiesen: Es gibt Menschen in unterschiedlichen Altersgruppen, die ihren Mitmenschen das Leben schwermachen.
Wie Sie schreiben, ist auch Ihnen nicht nur bekannt, daß Schwiegermütter ihren Schwiegertöchtern gegenüber in einer Reihe von Fällen ein nicht zu akzeptierendes Verhalten

an den Tag legen, sondern daß das auch in umgekehrter Richtung vorkommt. Die Reihe ließe sich mit Sicherheit fortsetzen: Es gibt Eltern, die ihre Kinder drangsalieren und umgekehrt, Männer und Frauen, die sich gegenseitig das Leben erschweren, Geschwister, die sich gegenseitig nichts gönnen usw. usw.

Die Straftaten, die Sie im Bereich Schwiegermütter und -töchter feststellen, sind allerdings strafrechtlich zu ahnden: Wer einen anderen Menschen körperlich mißhandelt, verleumdet oder erpreßt, muß mit Strafe rechnen. Allerdings setzt das die Anzeige voraus, und dies würde wahrscheinlich das Familienleben noch weiter erschweren.

Grundsätzlich fördert deshalb das Bundesministerium für Familie, Senioren, Frauen und Jugendverbände mit der Freien Wohlfahrtspflege Initiativen, um auf diesem Weg ein qualifiziertes Beratungsangebot in den unterschiedlichsten Bereichen zu gewähren. Das ist ein Weg, über den drangsalierte Menschen unterhalb der Strafanzeige Hilfe erhalten können.

Der von Ihnen eingeschlagene Weg, über Selbsthilfegruppen den betroffenen Frauen Mut zu machen und Methoden zur Veränderung ihres »Schicksals« zu entwickeln, scheint mir ebenfalls denkbar und sinnvoll, vor allen Dingen, wenn dabei auch die Ehemänner einkalkuliert werden. Sie müßten doch eigentlich in erster Linie auf der Seite ihrer Frauen stehen und vermittelnd wirken.

Wie Sie bei der Gründung eines Vereins vorgehen müßten, können Sie der beiliegenden Broschüre, die sonst allerdings wenig mit Ihrer Thematik zu tun hat, entnehmen. Für Ihre weitere Tätigkeit wünsche ich Ihnen viel Erfolg.

Gerade wenn es darum geht, der Gewalt allgemein Einhalt zu gebieten, ist das Wirken vieler Menschen notwendig. Denn wohl kann der Gesetzgeber das Strafrecht gestalten, das Familienministerium kann die Beratung betroffener

Menschen ermöglichen und Kampagnen gegen Gewalt (Broschüren, Plakate z. B.) durchführen, Modellprojekte finanzieren usw.
Wenn nicht jeder in seiner Umgebung durch sein eigenes Verhalten und Handeln verdeutlicht, daß Gewalt nicht geduldet wird, wird der Erfolg gering sein.

Mit freundlichen Grüßen *(...)*

Bezeichnenderweise war dem Schreiben eine Broschüre beigelegt mit dem Titel: Helfen wir uns selbst, Eigeninitiative und soziale Mitveranwortung im Alter; Inhalt: Wie man einen Verein für Senioren gründet!

Eine Petition beim Bayerischen Landtag, der ebenfalls der vorher abgedruckte Brief von mir zugrunde lag, wurde »aufgrund der Erklärung der Staatsregierung als erledigt betrachtet (§ 84 Nr. 4 der Gescho)«.

In der dazugehörigen Stellungnahme wurde nur auf eine Vereinsgründung eingegangen, alle anderen von mir vorgetragenen und eigentlich relevanten Punkte hat man schlichtweg unter den Tisch fallen lassen.

Kopf in den Sand, denn die Thematik ist unbequem

So, das war es mit der Hilfe. Was übrigblieb, waren noch mehr offene Fragen. Hatte ich mich in meinem Brief so dilettantisch ausgedrückt, daß mein Anliegen nicht verstanden wurde?

Erinnern wir uns, ich hatte angeführt, daß enorme Krankheitskosten entstehen. Die Schwiegertöchter haben mir vielfältige Krankheiten angegeben, die sie eindeutig auf die Problematik mit ihrer Schwiegermutter zurückführen. Hier nochmals ein Auszug aus der Liste der Erkrankungen:

Depressionen, Magengeschwüre, Herzerkrankungen bis hin zum Herzinfarkt, Gürtelrose, Gesichtsrose, Neurodermitis, Ekzeme und andere Hauterkrankungen, Nierenleiden, Migräne, Kreislauferkrankungen, Eßstörungen, Nervenleiden, Drogen-, Tabletten- oder Alkoholsucht.

Nehmen wir mal an, ein Medikament wäre auf dem Markt und hätte nur einen Teil dieser Krankheiten als Nebenwirkungen. Schon bei zwanzig oder dreißig Personen, die an diesen Nebenwirkungen erkranken würden, wäre sofort ein Verantwortlicher bereit, in die Bresche zu springen. Er würde sich damit brüsten, sofort und effektiv gehandelt zu haben. Wie schnell würden sowohl der Name des Medikaments als auch der Hersteller öffentlich genannt. Es würde vor diesem Medikament gewarnt! Der Hersteller hätte mit Schadensersatz zu rechnen. Jeder, der das Medikament eingenommen hätte, würde erfaßt und betreut.

Und was passiert mit uns? Wir wollen, daß sich jemand damit befaßt, wie und durch was genau wir krank werden und was wir dagegen tun können. Wir erwarten, in unserer Not und dem Leiden Unterstützung zu erhalten. Eine offizielle Stellungnahme, daß hier viel Unrecht geschieht, daß dieses Verhalten nicht toleriert wird und daß es verwerflich ist, so mit anderen umzugehen, ja, das könnte vielen Frauen Hoffnung und Zuversicht geben.

Die Verbände der freien Wohlfahrtspflege werden gefördert, um auf diesem Weg ein qualifiziertes Beratungsangebot in den unterschiedlichsten Bereichen zu gewährleisten, heißt es in dem Antwortschreiben. Wie kann es dann sein, daß gerade von solchen Stellen die Auskunft an eine Hilfesuchende kommen kann: »Ja, Sie müssen der Älteren schon zugestehen, daß sie mehr Erfahrung und mehr Rechte in der Familie hat. Sie müssen sich halt unterordnen« oder »Damit dürfen wir nicht in

Verbindung gebracht werden. Wir sind nicht Augsburg«? Je nachdem, welcher konfessionellen Bindung eine Beratungsstelle angehört, muß die Schwiegertochter evtl. mit einer herben Abfuhr rechnen. Tief verletzt und mit dem Gefühl, der letzte Dreck zu sein, bleibt für viele nur noch der Weg zurück in ihre Isolation.

Weiter steht da: »Das ist *ein* Weg, über den drangsalierte Menschen unterhalb der Strafanzeige Hilfe erhalten können.« Füge ich hier noch den Satz vom Absatz darüber ein: »Allerdings setzt das die Anzeige voraus, und diese würde wahrscheinlich das Familienleben noch weiter erschweren«, drängen sich mir einige Gedankenspiele auf. – Habe ich zwar Rechte und sind diese auch in verbindlichen Gesetzen geregelt, so sollte ich sie doch lieber nicht in Anspruch nehmen, da sonst das Familienleben weiter erschwert wird. Anstatt auf meinem geltenden Gesetz zu beharren, das ich wegen des besseren Familienlebens allerdings nicht in Anspruch nehmen sollte, kann ich mich aber an ein »qualifiziertes Beratungsangebot« wenden. – Oder – Schwiegermütter, drangsaliert eure Schwiegertöchter ruhig weiter, wir bezahlen viel Geld dafür, daß ihnen jemand die entstandenen Schäden wegredet. – Schwiegertöchter, werdet ihr verleumdet und gedemütigt? Macht nichts! Wir reden mit euch darüber!

Vielleicht ist meine Interpretation etwas überzogen. Genau so wurde dieses Schreiben von Schwiegertöchtern verstanden, mit denen ich über diesen Brief diskutiert habe. Gewiß, die Beratungsstellen sind sehr notwendig und im Regelfall auch äußerst hilfreich, aber kann das alles gewesen sein? Wie wäre es zum Beispiel mit einer Broschüre über die meist passive Gewalt durch die Schwiegermutter? Wäre es so abwegig, ein Modellprojekt zu schaffen, das sich sowohl mit den Folgen – auch für die Kinder der Schwiegertöchter – als auch mit Lösungsmöglichkeiten zur gezielten Hilfe in dieser Problematik auseinandersetzt? Wenn man bedenkt, daß es inzwischen schon Untersuchungen darüber gibt, wieviel Klopapier der Durchschnittsdeutsche im Laufe seines Lebens verbraucht, ist es schwer zu verstehen, daß sich keiner für unsere Problematik interessiert. Soweit mir bekannt ist, gibt es noch keine einzige Untersuchung über den »Problemfall Schwiegermutter« und die Folgen.

Wir erwarten und wollen auf keinen Fall, daß unsere Schwiegermütter vom Staat zensiert oder als »Schuldige« deklariert werden! Wir hoffen, daß man uns Aufmerksamkeit für unser Problem schenkt. Ferner wäre es denkbar und für uns wünschenswert, daß sich eine Institution (z. B. eine Universität) mit der professionellen Aufarbeitung der Thematik befaßt. Beim Kinderschutzbund liegen intern Zahlen vor, wieviele Kinder aus einer solchen Problematik um Rat und Hilfe anrufen. Leider werden mir als Privatperson solche Zahlen nicht bekanntgemacht, aber offiziell ließe sich sehr viel erreichen. Auch bei der Aufklärung darüber, daß nicht die Schwiegermütter pauschal gemeint sind, könnten wir mit Unterstützung »von oben« bedeutend mehr erreichen.

In ganz Deutschland gibt es Gleichstellungsstellen, die darauf achten, daß Männer und Frauen in allen Lebenslagen gleichgestellt sind. Der Ansatz zur Gleichbehandlung sollte aber schon bei Frauen gegenüber Frauen gemacht werden. Ein oberbefehlshabender Sohn, Frauen überlegen und Frauen benutzend, wird eine Frau nie als gleichberechtigt ansehen, auch wenn es tausend Gesetze dafür geben würde. Schon bei der Erziehung durch eine Frau wurde er als über die Frau erhaben gestellt. Der Förderung der Emanzipation und der Gleichberechtigung ist es deshalb wenig zuträglich, wenn wir versuchen, dieses doch allseits bekannte Schwiegermutterproblem zu vertuschen. Welcher Mensch nimmt schon eine Frau ernst, die dieses Problem abstreitet, um dann zu Hause den Demütigungen der Schwiegermutter ausgesetzt zu sein? Als glaubwürdig anerkannt und für voll genommen werden wir bestimmt nicht, wenn wir allseits offensichtliche Probleme verleugnen.

Eine Konfrontation mit der Aussage »Es gibt auch schlechte Schwiegertöchter« scheuen wir nicht. Diesen Schuh brauchen wir uns ja nicht anzuziehen. Wissen wir doch, daß wir nicht zu dieser Personengruppe gehören. Genauso selbstverständlich ist es, wie normalerweise Schwiegermütter wissen, daß sie nicht gemeint sind, sobald die Rede auf böse Schwiegermütter kommt. Pestalozzi hat einmal gesagt: »Die Wahrheit ist eine Arznei, die angreift.« Offen und ehrlich über das Tabu Schwiegermutter zu sprechen ist aber die einzige Arznei, die uns und zukünftigen Schwiegertöchtern, auch Töchtern und Söhnen, hilft. Bei einem Referat über das Thema Schwiegertöchter – Schwiegermütter, das ich im Oktober an der Augsburger Volkshochschule gehalten habe, hat eine der Teilnehmerinnen ausgesprochen, was wir alle uns schon lange gedacht haben: *»Es hätte solch offene Gespräche schon früher geben sollen, dann hätte ich mir viel erspart!«*

Noch einmal kurz, was hier notwendig oder wünschenswert wäre: Bessere Vorbereitung in den Beratungsstellen. Ein offener Umgang mit diesem Reizthema. Mehr Unterstützung durch Information und Hilfsangebote. Bei den Beratungen sollte der Sohn nicht als Verantwortlicher, sondern als Betroffener und Opfer behandelt werden. Mehr Verständnis für die schwierige Lage des Sohnes wäre hier sicher angebrachter als die Aburteilung als nicht abgenabelter Weichling. Es sollte auch bei der Beratung der Schwiegertöchter mehr auf die Situation des Ehemannes hingewiesen werden, damit diese Frauen den Weg mit ihrem Mann zusammen finden können.

In Erbsachen sollte viel mehr Aufmerksamkeit auf den direkten Erbnehmer, also den Sohn, gesetzt werden. Zu selbstverständlich ist hier die Einbeziehung der Schwiegertochter als ausführendes Organ einer evtl. Pflegevereinbarung. Hier könnten viel klarere Vereinbarungen getroffen werden.

Gerade auch jüngere Mütter könnte man bedeutend mehr über die Auswirkungen einer zu starren Erziehung nach strengen moralischen Grundsätzen aufklären. Wohlgemerkt, es gibt gegen eine vernünftige und gesunde Moral nichts einzuwenden. Werte wie Achtung und Ehre, Zusammenhalt und Nächstenliebe sind nach wie vor von großer Bedeutung. Die krankhaft überspitzte Auslegung jedoch, die jede Persönlichkeitsentwicklung zugunsten anderer hemmt, die uns ständig über unsere Grenzen treibt, damit wir ja dem erstrebenswerten perfekten guten Menschen entsprechen, sollten wir versuchen zu vermeiden. Sie macht uns ausnutzbar und anfällig für totale Überforderung und Unterwerfung. Wer in einer Welt der extremen Moral aufgewachsen ist, braucht gezielte Hilfe und Anleitung, um unterscheiden zu lernen, was hierbei normal und vernünftig und was zerstörerisch ist.

20 Jahre hoffen sind zuviel – Wege aus der Krise

Einsicht: Ich bin chancenlos

Ein uns Frauen anerzogener Hang – besser noch Drang – zu Harmonie läßt viele von uns zwanzig oder dreißig Jahre darauf hoffen, irgendwann mal anerkannt zu werden. Vorausgesetzt, wir tun genug dafür. Denn nur wir persönlich sind für die Einhaltung der Harmonie zuständig. Klappt es nicht, so liegt die Schuld selbstverständlich bei uns: »Wenn ich mich nur genug anstrenge, wird mich meine Schwiegermutter schon noch anerkennen!« Von klein auf haben wir gelernt, wie sich ein liebes Mädchen verhält. Unsere weiblichen »Tugenden« versuchen wir in Vollendung bei der Schwiegermutter anzubringen. Hat dieses Weibchenverhalten doch immer funktioniert, so daß wir die lebensnotwendige Zuwendung und Anerkennung erhalten haben. Auf einmal laufen wir gegen eine Wand aus Ablehnung.

Genau hier ist der Zeitpunkt gekommen, zu erkennen, daß ich, so lange ich so bleibe, wie ich jetzt bin, keine Chance habe. Ganz gleich was ich tue, egal wie ich es tue: Schwiegermutter will einfach nicht. So schwer es auch fällt, muß ich zugeben, daß ich durch mein Verhalten keinen Einfluß auf die Gefühle der Schwiegermutter nehmen kann. Es gelingt nicht, ihr zu vermitteln, daß ich in Ordnung bin.

Koche ich wie ein Vier-Sterne-Lokal persönlich – »Bubi, du bist aber dünn geworden, bekommst wohl kein ordentliches Essen.«

Hole ich meine Wäsche super strahlend und fleckenrein von der Fünf-Kilometerleine – »Igitt igitt Bubi, mit diesen Schmutzrändern kannst du aber nicht ins Büro gehen.«

Beherrsche ich die hohe Schule des Putzens und strahlt die Wohnung in einem streifenfreien Wochenglanz – »Bubi, kein Wunder, wenn du immer husten mußt, bei dem Dreck, den die hat.«

Habe ich den IQ von Zweistein und jongliere nur so mit Börsengeldern – »Bubi, die kann aber mit Geld nicht umgehen! Die ist so dumm, daß eure Kinder sicher mal verblöden oder verwahrlosen.«

Stand meine Wiege in einem Palast aus 1001 Nacht – »Bubi, aus welchem Loch kommt die denn?«

Eines ist hoffentlich deutlich geworden: Sie will meine Persönlichkeit und meine Fähigkeiten gar nicht wahrhaben. Diese Erkenntnis ist zwar schmerzlich, dennoch kann ich daraus Kraft schöpfen. Sehe ich nicht klar und deutlich, daß die Schuld nicht bei mir liegt? Es ist schlicht unmöglich, eine Frau, die einen ablehnt, von sich überzeugen oder zufriedenstellen zu können. Mein antrainiertes Wohlverhalten greift nicht mehr!

Um anschaulich zu machen, welche Schlüsselposition genau diese Erkenntnis hat, möchte ich einen kleinen Ausflug in meine Kindheit machen. Eine Kindheit, die von der Geborgenheit einer Großfamilie geprägt war. Drei Generationen lebten im Haus meiner Großeltern zusammen. Meine Mutter war berufstätig, und Oma hat tagsüber meine Betreuung übernommen. Schon früh spürte ich, mit welchem Verhalten ich Zustimmung fand, mit welchem Kritik. Die Reaktion der restlichen Familie fand auf zwei Ebenen statt. Zum einen unmittelbar durch die gerade anwesende Bezugsperson. Das bedeutete, daß Lob oder Tadel direkt und persönlich vom jeweils Beteiligten erteilt wurde. In der Art: *»Du bist ein Schatzilein, das hast du fein gemacht. – Wenn du so böse bist, machst du mich ganz traurig.«* Zärtlichkeit und Kritik folgten sozusagen auf dem Fuß.

Die zweite Ebene lief über diese Person zu allen anderen der Erwachsenenfamilie. Das bedeutete, daß meine Verhaltensweisen dem Rest der Familie zur Kenntnis gebracht wurden.

Im Klartext soll das heißen – Wenn ich was ausgefressen hatte, wurde ich verpetzt, wenn ich dagegen ein artiges Kind war, wurde ich vom ganzen Clan belobigt. Hatte ich etwas Größeres ausgefressen, kam nun der geballte Tadel von allen. Natürlich war das sehr unangenehm, denn es war nicht nur einer sauer, sondern gleich der ganze Familienverbund.

Bei kleineren Artigkeiten hieß es: *»Du warst aber ein liebes Mädchen!«* Bei so großen Gelegenheiten wie den ersten Schritten oder der ersten kompletten Sitzung auf dem Töpfchen waren alle aus dem Häuschen, und jeder sagte zu mir: *»Du bist aber ein braves Magdele (schwäbischer Begriff, verniedlichend für Magd; wird nur gegenüber kleinen, sehr braven Mädchen gebraucht)!«* Die strahlenden Augen und die glücklichen Gesichter waren das Größte für mich. In keiner anderen Situation hatte ich soviel Anerkennung und Aufmerksamkeit. Das hat mir selbstredend sehr gut gefallen.

Schnell hatte ich gelernt, wie ich durch mein Verhalten diese phantastische Magdele-Reaktion hervorrufen konnte. »Magdele« bei der ganzen Familie zu sein war meine größte Erfüllung und mein Glück. Ich begann auf »Magdele« zu trainieren. Immer mehr habe ich mich angestrengt, habe mein Verhalten so angepaßt, daß ich diese Trophäe bekam. Ob in der Schule, unter anderen Kindern oder zu Hause, nie wollte ich den Zorn der Erwachsenen heraufbeschwören, nein, mein Eifer und Streben galten dem Ziel, diese Medaille, den Pokal »Magdele« zu erhalten. Dementsprechend habe ich mich zur Magd in Vollendung entwickelt. Duldsam, folgsam, willig, fleißig! Nur um diesen Titel und die damit verbundene Anerkennung nicht zu verlieren.

Auch als junger Mensch und im Erwachsenenalter habe ich mich weiter nach diesem Muster verhalten. Deshalb war ich äußerst pflegeleicht und ausnutzbar. Für meine eigenen Belange, meine Wünsche und Bedürfnisse einzustehen brachte ich nicht fertig. Wenn es darum ging, für andere was zu tun, dann habe ich mich schon mal getraut, zu widersprechen. *Meine ganze Selbstachtung bestand darin, mit mir zufrieden zu sein, wenn andere mit mir zufrieden waren.*

Die ständigen Bemühungen, die Erwartungen meiner Mitmenschen zu erfüllen, haben mich im Laufe der Zeit ziemlich erschöpft. Schließlich wollte ich keinen Fehler machen, niemand weh tun, kurz, nicht unangenehm auffallen. Perfektes braves Frauchen und brave Mitarbeiterin! Sicher, manchmal wurde es auch mir zuviel, und ich habe aufbegehrt. Im großen und ganzen aber hatte ich genau das, worauf es mir ankam: keine Feinde, freundlichen Umgang, ein Minimum an Tadel und Anerkennung als »Magdele«. Bis ...

Ja, bis ich bei einem Menschen trotz all meiner Bemühungen und Anstrengungen keine Gnade fand. Mein Verhaltensmuster, mit dem ich bisher immer gut gefahren war, es funktionierte nicht mehr. Verhielt ich mich als brave Frau, wurde ich trotzdem als Böse hingestellt. Bot ich meine ganze Kraft auf, um zu verwöhnen und meine Sympathie zu zeigen, so war das auf einmal nichts mehr wert! Keine Anerkennung und kein »braves Magdele« kam zurück. Dabei war mir diese Anerkennung, die laut meiner Moralvorstellung die einzig erstrebenswerte war, so wichtig und alltäglich, ja lebensnotwendig geworden wie die Luft zum Atmen.

Das Grundgerüst meiner Persönlichkeit oder das, was ich dafür hielt, brach mir nichts, dir nichts zusammen. Ich fühlte mich vollkommen wertlos. Dabei hatte ich mich bzw. meine braven Eigenschaften doch gar nicht verändert. Im Gegenteil, ich hatte diese Frauchen-Rolle inzwischen bis zur Perfektion ausgebaut. Die erste Zeit glaubte ich, darüber verrückt zu werden. Gleichzeitig erkannte ich, daß genau diese gefügige und willige Art meines bisherigen Lebens soviel Macht entwickelt hatte, mich zu zerstören. Wenn ich mein Verhalten nicht ändern würde, hatte ich keine Chance! Um zu überleben, blieb mir nichts anderes übrig, als etwas zu tun, was ich mir mein ganzes Leben verboten hatte: Ich mußte »nein« sagen. Nein zu einem nahestehenden Menschen! Nein zu einer Mutter! Nein zu meinem inneren »Magdele«!

Wie ein Abenteurer kam ich mir vor, als ich dieses unumgängliche, lebenswichtige »Nein« aussprach. Meine Gefühle waren im Chaos. In mir war ein schwerer Kampf entbrannt. Der Kampf zwischen Verstand und Gefühl, zwischen Vernunft und Moral. Eine Moral, deren Regeln und Zwänge mein Leben zu zerstören drohten. Zittrig war ich, aufgewühlt, ängstlich, aber auch neugierig und gespannt, was sich nun ereignen würde. In Alpträumen sah ich mein unrühmliches Ende nahen. Meine Erwartung war, daß sich der Boden unter meinen Füßen auftat und ein schwarzes Loch mich mit Haut und Haaren verschlang. Manchmal sah ich mich auch einem richtigen Weltuntergangsszenario gegenüber: Bei Blitz und Donner, alleine mitten in einem Orkan stehend, zermalmten mich die Naturgewalten. Vielleicht würde mich auch ganz einfach nur der Herzschlag treffen.

Und es passierte ... nichts. Kein Blitzschlag und kein Herzinfarkt trafen mich. Langsam fand ich wieder Halt. Gleichzeitig bemerkte ich, daß meine Kraft zurückkam. Stärker als je zuvor spürte ich sie: »Es war richtig, was du gemacht hast!« Dies war das erste Mal, daß ich mich persönlich gut bewertet habe. Aus der Magd war eine Herrin geworden. Nicht die Herrin über irgendwas oder irgend jemand, von dem Tag an war ich die Herrin über mich selbst.

Selbstverständlich habe ich das Neinsagen ausgiebig geübt. Beim Metzger z. B. habe ich auf die Frage: »Darf's ein bißchen mehr sein?« erstmals, wenn auch mit klopfendem Herzen, mit Nein geantwortet. Anschließend habe ich mich über das irritierte Gesicht der Verkäuferin köstlich amüsiert. Stelle ich jetzt fest, etwas verursacht mir Unbehagen, so sage ich nein. Klar, daß ich anfangs auch mal über mein Ziel geschossen bin.

Für manche Zeitgenossen gelte ich inzwischen als schwierig.

Früher hätte mich das sehr unglücklich gemacht. Jetzt freut's mich! Niemand kann mich mehr einlullen und eine erdrückende Moral gegen mich einsetzen. Ich mache keine faulen Kompromisse mehr. Sage klar und deutlich, was ich will und was ich nicht will. Ehrliche Kritik empfinde ich nicht mehr als persönliche Ablehnung, sondern als sehr anregend. Daß ich nicht mehr für jeden das brave und liebe Fraule bin, stört mich nicht im geringsten. Mein »Magdele« wurde durch Selbstachtung und Selbstvertrauen ersetzt.

Diese Rückverfolgung meines Werdegangs wurde mir mittels Transaktionanalyse ermöglicht. Die brennende Frage: »Warum gerade ich?« konnte ich endlich für mich schlüssig und akzeptabel lösen. Auf einmal war ich in der Lage, zu erkennen, woran die sogenannte Moral krankt, wann und wie sie dazu benutzt wird, eigene Bedürfnisse durchzusetzen oder das Verhalten Dritter zu manipulieren.

Der erste Schritt muß getan werden!

Diese Bestandsaufnahme war der erste Schritt, um mein Problem sinnvoll anzugehen. Ab jetzt konnte ich aufhören, meine Kraft in sinnlosen Anstrengungen zu vergeuden. Nun war es an der Zeit, mir darüber klarzuwerden, daß ich der Schwiegermutter durch das von mir gutgemeinte Wohlverhalten ständig Stoff für neue Attacken geliefert hatte. Sie konnte mich genau einschätzen und wußte, wie sie mich zu bearbeiten hatte.

Hilfreich war es in dieser Phase, aufzuschreiben, was mich gestört hat – was ich auf keinen Fall wollte – wo ich zu Kompromissen bereit war. Auch meine Schwächen, die wichtige Angriffspunkte darstellten, wollte ich mir bewußtmachen. Sobald zum Beispiel Krankheit oder Hilflosigkeit ins Spiel kommen, lasse ich mich schnell kleinkriegen. Die Kinder, die eigene Familie, jede Kleinigkeit wird als Munition gegen die Schwiegertochter eingesetzt, und ich lasse mich genauso wie viele andere auch immer wieder damit einfangen.

Der Zettel mit meinen Notizen erwies sich gleichzeitig als persönliches Programm, um zu genesen. Es galt auszuschalten, was ich überhaupt nicht ertragen konnte. Natürlich passierte das nicht automatisch. Schritt für Schritt lernte – fast möchte ich sagen erkämpfte – ich das Einstehen für meine eigenen Bedürfnisse. Auch wenn es mir unpopulär vorkam, blieb mir nichts anderes übrig, als »nein« zu sagen, wenn ich nicht wieder in die Erdulderinnenrolle geraten wollte. Gerade als ich die ersten Gehversuche unternahm und damit begonnen hatte, Schwachstellen in meinem Werdegang zu analysieren und dagegen anzugehen, kam das Buch »Gute Mädchen kommen in den Himmel, böse überallhin« auf den Markt. Mit beinahe diebischer Freude habe ich darin gelesen. Alles, was ich mir gerade an Erkenntnissen für das Frausein erarbeitet hatte, fand ich hier bestätigt.

Als Beispiel und Anregung habe ich die ersten Schritte auf meinem Weg aus der Krise für jede Frau, die ebenfalls in dieser Situation lebt, aufgeschrieben. Bei mir selbst und bei vielen Schwiegertöchtern, denen ich aus eigener Erfahrung geraten habe, ihren Weg des Verstehens so zu beginnen, spricht der erzielte Erfolg für sich. Frau lernt sich, ihren Mann und ihr Umfeld besser kennen. Die eigenen – aus falsch interpretierter Moral entstandenen – Fehler können wir so bekämpfen und Stärke entwickeln. Bei jeder von uns findet sich eine ähnliche Geschichte wie die vom »Magdele«. Sucht sie und lernt euch kennen und besser behandeln. Parallel zum Selbststudium des eigenen Werdens, Denkens und Handelns bietet sich, je nach den Bedürfnissen der einzelnen Frau, eine ganze Palette von Möglichkeiten an.

Wer kann helfen, was kann helfen?

- Sind – wie es bei fast allen Schwiegertöchtern, mit denen ich Kontakt habe, der Fall ist – physische und psychosomatische Krankheiten vorhanden, empfiehlt es sich, einen Facharzt zu konsultieren.
- Da die Verletzungen der Seele bis ans Lebensende weiter schmerzen können, kann ich mir Linderung in einer Familientherapie oder Psychotherapie holen. Wichtig ist es hierbei, daß ich mir genau aussuche, wem ich mich anvertraue. Bin ich mit dem Therapeuten/der Therapeutin und dem Ablauf der Sitzungen einverstanden? Habe ich hinterher ein ungutes Gefühl? Auf keinen Fall mit zusammengebissenen Zähnen hingehen oder die Besuche irgendwann mal ganz einstellen, weil es nichts bringt! So lange weitersuchen, bis ich mich angenommen, ernstgenommen und in guten Händen fühle! Es gibt Therapeuten, die speziell in der oben schon erwähnten Transaktionsanalyse ausgebildet sind. Zwei Bücher haben mir beim Einstieg in dieses Thema gut geholfen. Das erste hat den Titel »Nimm dich wie du bist« das zweite »Werde der du werden kannst«. Beide Bücher sind so geschrieben, daß auch ein Laie in der Lage ist, den Inhalt nachzuvollziehen.
- Solidarität tut gut und macht Mut. Für viele ist es daher hilfreich, sich mit Gleichbetroffenen auszutauschen. Hier bietet sich die Teilnahme an einer Selbsthilfegruppe an. Über die Arbeit in und mit der Gruppe werde ich im nächsten Kapitel ausführlich informieren. Auch kleinere Gesprächskreise sind manchmal vorteilhaft, da jede hier anonym bleiben kann und mehr Zeit für ihre persönliche Problematik hat. Einfach mal alles loswerden, was jahrelang ertragen werden mußte. Der Austausch mit anderen Frauen hilft aus der Isolation heraus. Außerdem stärkt er den Rükken. Inzwischen gibt es auf Grund meiner Initiative bundes-

weit fünfundzwanzig direkte Ansprechstellen oder Gruppen, die alle anonym arbeiten. Gern übernehme ich die Kontaktvermittlung. Eigeninitiative ist jedoch gefragt. Wer immer eine Kontaktstelle aufbauen oder selbst eine Gruppe initiieren möchte, kann sich an mich wenden, ich bin gerne bereit, Unterstützung zu gewähren. Es gibt auch viele Organisationen, die jedem bei der Gründung einer Gruppe hilfreich unter die Arme greifen, so z. B. die Diakonie, Krankenkassen oder Selbsthilfeorganisationen, die in der ganzen Bundesrepublik Ansprechpartner haben.

- Bei den Volkshochschulen und bei privaten Anbietern gibt es spezielle Kurse für Frauen. Selbstverteidigung (verbal), Selbstbehauptung usw. stehen auf der Angebotsliste. Auch autogenes Training, Focusing oder die verschiedensten Techniken zur Streßbewältigung können helfen, die innere Ruhe wiederzufinden. Bei den Frauenbeauftragten in den Gleichstellungsstellen kann ich mich über Programme und Treffen von und mit Frauen erkundigen. Auch bei individuell und speziell gelagerter Problematik kann ich hier sowohl Ansprechpartner finden als auch weitere Informationen erhalten, wer gezielt weiterhelfen kann.

Viele von uns trauen sich nicht zu handeln, weil sie nicht wissen, was da alles auf sie zukommen könnte oder wo sie Hilfe erwarten können. Dabei ist gerade das Wichtigste, sich zu informieren. Nur gut informiert kann ich abwägen, welche Möglichkeiten ich habe und welche Konsequenzen auf mich zukommen. Mit zahlreichen dieser ängstlichen und verunsicherten Frauen sprach ich persönlich. Jede von ihnen hat bereits nach meiner Aufklärung über die ihnen zur Verfügung stehenden Möglichkeiten, Hilfe zu erhalten, deutlich aufgeatmet. Nachdem sie eigene Erkundigungen eingezogen hatten und sich noch einmal rückmeldeten, konnte ich ganze Gebirge von ihren Herzen abfallen hören.

- Geht es um Fragen wegen der Kinder: Nur keine Hemmungen: Jugendämter, Erziehungsberatungsstellen und der Kinderschutzbund sind kompetente Ansprechpartner, wenn es um das Wohl der Kinder geht.
- Wer mit dem Gedanken spielt, sich von dem Partner zu trennen, sollte sich unbedingt bei einem Beratungsgespräch mit einem Rechtsanwalt/einer Rechtsanwältin kundig machen. Wie geht es weiter mit dem Sorgerecht? Welche Unterhaltsansprüche habe ich? Was steht mir sonst noch zu? All die Fragen müssen vorab geklärt werden. Nur gut informiert kann ich Entscheidungen treffen und möglicherweise vorhandene Zukunftsängste ablegen.

Bestimmt ist nicht jeder Weg und jede Lösung für alle passend. So kann sich eine Schwiegertochter, die mit der Schwiegermutter im gleichen Haus wohnt, nie gänzlich zurückziehen. Für sie gilt es, einen Weg zu finden, trotz der räumlichen Nähe Freiräume für sich zu schaffen und Grenzen aufzubauen. Gerade bei räumlicher Nähe berichten mir Schwiegertöchter immer wieder von Situationen, bei denen sie wieder mal überrumpelt wurden. Genau darauf kann sich jede aber sehr gut vorbereiten. So zum Beispiel, wenn ich weiß, daß ich mich jedesmal überreden lasse, doch sofort zum Einkaufen zu springen, wenn Schwiegermutter sich was einbildet. In aller Ruhe muß ich zunächst überlegen, wie ich beim nächsten Mal reagieren sollte. Durch Einstudieren meiner Antwort (läßt sich während des Staubsaugens oder Kochens gut machen) gewinne ich an Sicherheit, und es fällt mir leichter, standfest zu bleiben. Gut vorbereitet bleibt mir erstens das eigentlich ungewollte Eingehen auf Schwiegermutters Ansinnen erspart, zum zweiten auch noch das Gefühl, wieder einmal eine Niederlage erlitten zu haben. Dies ist ein Weg kleiner und kleinster Schritte, aber viele Frauen haben mich schon stolz angerufen, weil sie es endlich einmal geschafft haben, eine angemessene Reaktion zu zeigen. Durch diese kleinen Rollenspiele und die vorbereitete Reaktion versetzen wir uns selbst in die Lage, manchen Konflikt zu entschärfen. Mit der Zeit lernen wir dabei auch, bestimmte Beleidigungen abprallen zu lassen. Von Mal zu Mal fällt es leichter, nicht mehr voll einzusteigen. Dies sind erste Hilfemaßnahmen, die jede ganz allein, auf sich persönlich zugeschnitten, zu Hause anwenden kann. Vielen meiner Gesprächspartnerinnen haben allein diese Überlegungen im »Vorfeld« schon soweit geholfen, daß sie sich selbst aus ihrer Leidensbereitschaft und der ewigen Opferrolle befreien konnten.

»Ich weiß, daß ich gehen müßte, aber wegen der Kinder bleibe ich hier«: Diesen Satz höre ich gerade von den Frauen der Muttersöhne. *»Zu gehen kann ich mit meinem Gewissen und meinem Glauben nicht vereinbaren.«* Frauen, die so sprechen, wissen genau, daß ihre derzeitigen Lebensumstände sie kaputtmachen. Wir müssen jedoch akzeptieren, daß sie nur sehr schwer aus dem Leid ausbrechen können. Diesen Frauen können Gespräche und Beistand den Rücken stärken und für die nächsten Wochen wieder etwas an Lebensfreude zurückgeben.

Eines aber gilt für alle: Hilfe und Erleichterung sind möglich und machbar! Nicht von heute auf morgen, aber langsam und kontinuierlich kann jede Schwiegertochter lernen, ihre Isolation aufzubrechen und aus dem Leidensweg auszuscheren, um auf den Weg zu mehr Lebensqualität zu gelangen. Nur – den Anfang muß jede selbst machen!

Silvia: *Über dreißig Jahre hatte ich stillschweigend alles ertragen. Eines Tages bemerkte ich, daß meine Zähne schief wurden. Der Zahnarzt überwies mich zu einem Kieferchirurgen. Dieser meinte: »Das mit Ihren Zähnen ist kein Problem, das kriegen wir schnell wieder in den Griff. Nur, Sie haben ein psychisches Problem, das Sie unbedingt behandeln sollten.« Das war für mich der Startschuß. Endlich fand ich aus meiner*

Lethargie heraus. Zuerst hatte ich wenig Hoffnung, daß mir eine Therapie bei meinem Schwiegermutterproblem helfen würde. Von Sitzung zu Sitzung wurde ich eines Besseren belehrt. Inzwischen geht es mir sehr gut. Auch in der Partnerschaft ist ein neues Miteinander entstanden. Ich habe mich von meiner Schwiegermutter scheiden lassen und fühle mich wohl dabei wie schon lange nicht mehr!

Diesen Heilungsprozeß konnte ich sozusagen live mitverfolgen. Das erste Mal rief mich Silvia an, als sie so ziemlich am Anfang ihrer Therapie stand. Sie war unsicher und durcheinander. Zu tief hatten sich Selbstzweifel, das Gefühl, versagt zu haben, in ihre Seele eingegraben. Zwar habe ich versucht, ihr Mut zuzusprechen, war mir aber nicht sicher, ob sie den Absprung schaffen würde. Um so glücklicher bin ich bei jedem erneuten Anruf über die Fortschritte, die sie gemacht hat. Sicher, auch für sie und ihren Mann ist die Therapie oftmals anstrengend und schwierig, aber was ist das schon gegen ein neues Lebensglück?

Margarete: *Seit dreiunddreißig Jahren bin ich für meine Schwiegermutter die nichtsnutzige Angeheiratete. Wir haben auf dem Grundstück neben den Schwiegereltern gebaut. Nach einigen Jahren erst haben wir erfahren, daß uns unser eigenes Haus nicht gehört, da der Grund im Besitz der Schwiegereltern war. Um die Besitzrechte zu erhalten, mußten wir zum einen den Schwestern meines Mannes eine nicht unerhebliche Abfindung bezahlen, zum anderen unterschreiben, daß wir die Schwiegereltern im Krankheitsfalle versorgen. »Da müssen Sie halt mal einkaufen oder beim Putzen helfen«, hat mir der Notar erklärt. Viel später erst wurde ich darauf aufmerksam, daß ich auch Pflegeleistungen erbringen muß. Seit zwölf Jahren erledige ich für meine Schwiegermutter, sie ist inzwischen Witwe geworden, sämtliche Besorgungen. Zweimal in der Wo-*

che putze ich das Haus, und jeden Tag versorge ich sie mit warmem Essen. Natürlich mache ich das alles viel zu schlecht. Wegziehen können wir nicht, da wir uns mit dem Bau unseres Hauses und der anschließenden Auszahlung der Schwestern ziemlich verschuldet haben. Mit der Zeit hat sich bei dem Gedanken, die Schwiegermutter einmal anfassen zu müssen, wenn sie pflegebedürftig geworden ist, eine regelrechte Panik entwickelt. Auch die regelmäßigen Bosheiten hinterließen immer tiefere Spuren. Die Situation war für mich so unerträglich geworden, daß ich wie betäubt nur noch in Angst lebte, was als nächstes kommt. Meine Lage schien mir aussichtslos und ich war gebrochen, als ich zum ersten Mal in die Selbsthilfegruppe kam. Schon nach dem ersten Besuch fühlte ich mich leichter. Der Druck der vielen Demütigungen war gemindert. Ich wußte, daß ich nicht mehr alleine war. Es tat gut, sich den Frust von der Seele zu reden. Das Wichtigste aber ist für mich, daß ich für mich einen Weg fand, die täglichen Bösartigkeiten an mir abprallen zu lassen. Durch Rollenspiele und trainiertes Verhalten habe ich gelernt, meiner Schwiegermutter zu begegnen, ohne jedesmal das Gefühl zu haben, wieder eine Niederlage zu erleiden. Die Macht, die meine Schwiegermutter über mich hatte, habe ich selbst gebrochen. Mein Leben hat neu angefangen!

Während ich an diesem Kapitel gearbeitet habe, rief mich Juliane an. Sie hatte vor einem halben Jahr den Kontakt mit der Schwiegermutter abgebrochen. Dennoch konnte sie das Geschehene nicht vergessen. Auf mich machte sie einen sehr deprimierten Eindruck. Lange Strecken des Gespräches konnte sie nur weinen. Manchmal habe ich sie nicht mehr verstanden, so stark schluchzte sie in den Apparat. Ihr größtes Problem war, daß sie ihre Schwiegermutter nicht mehr aus ihren Gedanken verbannen konnte. Auch fühlte sie sich als komplette Versagerin. Den Mut, aus ihrem Leidensdruck herauszukommen, hatte sie schon lange nicht mehr. Zuerst habe ich ihr klargemacht, daß sie nicht alleine ist, daß wir alle in ihrer Lage waren oder sind. Ich sagte ihr auch, daß sie selber den Anfang machen muß, sich aus ihrer Opferrolle zu befreien. Das wolle sie ja auch, sagte sie, wisse nur nicht, wohin sie sich um Hilfe wenden kann. Da sich in ihrer Nähe keine Anlaufstelle befindet, empfahl ich ihr, mit der Diakonie Kontakt aufzunehmen. Gerade als ich den letzten Satz des vorherigen Absatzes geschrieben hatte, läutete das Telefon, und Juliane meldete sich.

Juliane: *Gleich nach unserem Gespräch rief ich beim diakonischen Werk an. Nachdem ich geschildert hatte, wie schlecht es mir geht, bekam ich für heute gleich einen Termin. Schon als ich die Türe des Beratungszimmers aufgemacht habe und den Sozialarbeiter sah, hatte ich das Gefühl: Hier bist du richtig. Nachdem ich dem Sozialarbeiter meine Lage geschildert hatte, ist er auf einmal aufgestanden, hat sich vor mir auf den Boden gelegt und eingekringelt. Zuerst war ich erschrocken, was er denn da macht. Er hat mich gefragt, ob ich weiß, was er mir deutlich machen will. Und ich wußte es! Er hatte sich vor mir kleingemacht. »So klein wie ich eben haben Sie sich die ganzen Jahre über gemacht. Sie haben gerade gesehen, daß es mir etwas Mühe bereitet hat, aus dieser Haltung wieder aufzustehen. Nun bin ich wieder oben, und auch Sie werden es schaffen, wieder auf die Beine zu kommen.« Für die nächste Zeit werde ich in einer Selbsthilfegruppe mitmachen, die sich mit dem Thema Trennung beschäftigt. Denn ich muß mich auch innerlich von der Schwiegermutter trennen. Ab Herbst macht er mit mir eine Einzeltherapie zur Selbstfindung. Er wird mir dabei helfen, meine Selbstachtung und mein Selbstvertrauen wieder aufzubauen. Ärgerlich bin ich nur darüber, daß ich dich nicht schon früher angerufen habe.*

Dies sind nur einige Beispiele von vielen. Zahlreiche positive Rückmeldungen zeigen mir deutlich: Unsere Lage ist nicht hoffnungslos und verfahren. Jede von uns kann sich selber helfen und unterstützende, für sie passende Hilfe bekommen. Noch mal wiederholen möchte ich, daß nicht jedes Hilfsangebot für jeden Problemfall geeignet ist. Eine Betroffene, die wirklich aus dem Dilemma aussteigen will, findet *ihren individuellen* Weg. In diesem Kapitel ist es mir ungeheuer wichtig, dazu Denkanstöße zu liefern.

Zusammenfassend noch mal die wichtigsten Schritte auf dem Weg aus der Problematik:

- Raus aus der Isolation! – Kontakt mit anderen Betroffenen; Familien- und Lebensberatung; evtl. Psychotherapie; Selbsthilfegruppen.
- Wo sind meine Schwachstellen? – z. B. Gutmütigkeit, Harmoniesucht; kein Selbstwertgefühl; keine Selbstachtung.
- Welcher Sohn ist mein Partner? – Muttersohn oder manipulierter Sohn?
- Aufschreiben: Was will ich, was kann ich – z. B. persönlichen Kontakt abbrechen; Gefühl der Verantwortung ablegen; Kinder schützen; Wegziehen; aus dem Leidensdruck aussteigen.
- Aufschreiben: Was erwarte ich vom Partner? – z. B. Beistand; Rache; daß er mir Genugtuung verschafft; Trennung von seiner Mutter; daß er meine Entscheidungen gegen seine Mutter akzeptiert?
- Aufschreiben: Was kann mein Partner leisten? – z. B. wann fange ich an, ihn meinerseits unter Druck zu setzen?; ist er in der Lage, meine Gefühle nachzuvollziehen?; verletze ich ihn mit meiner Art der Darstellung seine Mutter betreffend?; wo können wir zusammen lernen?
- Aufschreiben: Wie geht es meinen Kindern? – z. B. muß ich sie schützen?; brauchen sie evtl. schon therapeutische Behandlung?

- Wer kann mir wie helfen? – Therapie; Selbsthilfegruppe; Arzt; Seelsorger; Rechtsanwalt; Literatur?
- Therapieangebote sondieren und vergleichen – was liegt mir?; wo habe ich Vertrauen?
- Raus aus der Leidensbereitschaft – ich Arme, warum passiert das mir?; für meine Kinder muß ich das ertragen.
- Wut und Zorn zulassen – es ist in Ordnung, wenn ihr die Schwiegermutter nicht mehr gern haben könnt.
- Aus der Problematik herauswollen – bereit sein, auszusteigen; andere Verhaltensweisen lernen.
- Informationen einholen – z. B. beim Rechtsanwalt/in; Erziehungsberatungsstellen; Jugendamt; Sozialamt.

Hinzufügen möchte ich noch ein persönliches Angebot. Wer auch immer – ob Schwiegertochter, Schwiegermutter oder Schwiegersohn – jeder, der aus dieser Problematik heraus in Not ist, kann sich an mich wenden. Dabei spielt es keine Rolle, ob ihr jemand braucht, der nur zuhört, ob ihr Erfahrungen austauschen oder berichten wollt; oder ob ihr Informationen einholen wollt: Jeder Anruf ist mir willkommen. Dieses Telefon habe ich extra für alle eingerichtet, die nicht mehr allein zurechtkommen und den ersten Schritt aus ihrer Isolation tun wollen. Selbstverständlich braucht mir niemand seinen Namen zu nennen. Ohne jede Verpflichtung kann sich jeder aussprechen oder kundig machen. Meine Telefonnummer steht im Anhang dieses Buches. Wer lieber schreiben will, findet meine Postanschrift ebenfalls dort. Aber bitte einen frankierten Rückumschlag nicht vergessen, da ich die ganze Initiative selber finanziere und keinerlei Unterstützung erhalte. Danke!

»Verachte nie den Morgen, der Müh' und Arbeit gibt, es ist so schön zu sorgen für Menschen die man liebt.«

Dieses kleine Gedicht, ich weiß nicht woher es stammt, lernte ich schon als kleines Mädchen. Aus diesen zwei Zeilen kann ich den Charakter und die Struktur der Schwiegertöchter, die sich an mich wenden, ableiten. Wir sind nie mit uns zufrieden, wenn etwas nur einfach so läuft. Zu Höchstform laufen wir nur auf, wenn wir Mühe haben. Zufriedenheit mit uns selbst können wir nur empfinden, wenn wir uns abgeplagt haben. Etwas, was schnell und unkompliziert geht, ist uns nicht geheuer und kann gar nicht erfolgreich sein. Demut und Ehrfurcht, Bescheidenheit und Aufopferung prägen unser Verständnis von den Tugenden, die eine Frau vorzuweisen hat. In kleinen Schritten zu lernen, daß auch eine gesunde Portion Egoismus und Liebe zu uns selbst notwendig sind, damit wir unser Leben in eine gesunde Balance bringen können, dazu muß die Bereitschaft vorhanden sein. Vom ausgetretenen Pfad der vermeintlichen Tugend auf den unbekannten Weg zum eigenen Ich, dazu gehören Mut und Stehvermögen. Bereit sein, sich einer konstruktiven Kritik zu stellen, auch wenn man nie gelernt hat, Kritik nicht als persönliche Ablehnung zu sehen, kostet Kraft. Einige von uns werden sich dieser Herausforderung nicht stellen oder sie werden ihr nicht gewachsen sein. Helfen kann sich aber nur diejenige, die auch den Kampf und die Auseinandersetzung mit sich selbst aufnimmt.

Wer seine Kinder als Grund für ein Ausharren in einer oft erniedrigenden Situation angibt, sollte sehr sorgfältig in sich hineinhören. Sind es wirklich nur die Kinder, denen man eine Trennung der Familie ersparen möchte? Oder ist es die Angst vor der alleinigen Verantwortung? Vor dem Verlust der angesehenen Stellung als Ehefrau von Herrn Soundso? Vor der Einbuße der Versorgung durch den Herrn Soundso? Jede Frau, die mit solch einer Fragestellung konfrontiert ist, sollte sich genau darüber im klaren sein, daß vielleicht gerade auch ihre eigene Schwiegermutter genauso stillgehalten hat wie sie, um nicht aus ihrem sicheren Nest gestoßen zu werden. Sie läuft dann eben wie die Schwiegermutter auch Gefahr, den Kindern, für die sie ja so großherzig auf das eigene Glück und Wohlbefinden verzichtet, die Verantwortung für ihre Schwäche anzulasten. Hier finden wir dann genau die Voraussetzung für den Schwiegermutterkonflikt in der nächsten Generation wieder. Dieser Drang so mancher Frau, unbedingt von einem Mann ausgehalten und versorgt zu werden, kann soweit gehen, daß sogar körperliche Mißhandlungen und rüde Erziehungsmaßnahmen des Vaters von der Mutter widerstandslos hingenommen werden.

Am Anfang der Partnerschaft auf Vorzeichen achten

Es kommt immer wieder vor, daß mich junge Frauen und Mädchen darauf ansprechen, ob und wie sie mögliche Konflikte erkennen oder verhindern können. Hier ein paar »goldene Regeln« der Prävention.

◆ An die Mutter des Partners nicht unter dem Gesichtspunkt »Mutter« herangehen. Das erspart einem im Falle der Problemschwiegermutter viel Kummer, da diese Frauen jedes Wissen über die Schwiegertochter brutal gegen sie verwenden. Vorsicht und Zurückhaltung ist für die Zeit des Kennenlernens oberstes Gebot. Gleiches, wie einer Fremden gegenüber praktiziert, gilt auch für den Umgang mit der Partnermutter – Abstand halten und ein gesundes Mißtrauen. Auch ich selber habe den Fehler gemacht, die Mutter des von mir geliebten Menschen sofort in diese Gefühlswelt mit einzubeziehen. Mir selbst ist es passiert, daß ich durch das Wort Mutter total verblendet war. Hätte ich nämlich die Schwiegermutter als Arbeitskollegin oder sonstwie kennengelernt, hätten sämtliche Alarmglokken in meinem Kopf angeschlagen. Mein Umgang mit Menschen, die ständig nur Negatives über ihr gesamtes Umfeld zu sagen haben, war immer sehr vorsichtig gewesen. Hier aber dachte ich: »Ach, es ist schon schlimm, welches Umfeld diese arme Frau hat. Von nun an wird es ihr wenigstens ein wenig bessergehen. Jetzt hat sie ja mich.«

Tanja: *Anfangs tat mir die Mutter meines Partners sehr süß ins Gesicht. Als Sympathie und Anerkennung habe ich das »Gesülze« fehlinterpretiert und hatte vom ersten Moment an vollstes Vertrauen. Einmal habe ich ihr erzählt, daß ich einen Teil meiner Kindheit in einem Kinderheim verbracht habe. Als wir geheiratet hatten und ich mich nicht so in die Familie meines Mannes einordnete, nicht so gehorsam war, wie die Schwiegermutter es sich vorgestellt hatte, kam eines Tages die Meldung: »Na ja, bei deinem Vorleben ist es kein Wunder, daß du so schwierig bist! Schließlich bist du schon als Kind so auffällig gewesen, daß man dich als schwererziehbar eingestuft und ins Heim gesteckt hat.« Diese Entstellung der Tatsachen und der Vertrauensbruch haben mich tief enttäuscht und schmerzen mich heute noch.*

◆ Beobachten wir das Verhalten unseres Freundes seiner Mutter gegenüber, kann dies sehr aufschlußreich sein. Schwärmt er Tag und Nacht von den tollen Eigenschaften seiner Mutter? Ist Mutter für ihn die Größte, und verdienen die Weiber im allgemeinen nur Verachtung? Fährt er mit Mutter, vielleicht sogar getarnt als Ehepaar, allein in Urlaub? Bespricht er jede Kleinigkeit nur mit Mutter? Legt er über jede Minute Rechenschaft bei Mutter ab? Dann Finger weg. Hier hilft nur, sich von dem Mann zu trennen, bevor die Liebe blind macht. So einem Muttersohn kann keine Frau helfen, sich aus der Abhängigkeit zu befreien.

Nur ein Psychotherapeut kann hier Hilfe leisten, denn der Muttersohn muß langfristig »umgedreht« und entwöhnt werden. Voraussetzung ist allerdings, daß der Mann seine prekäre Situation erkennt. Meistens sind die Muttersöhne jedoch nicht mehr fähig, der Liebe ihrer Mutter und der Liebe zu ihrer Mutter Widerstand entgegenzusetzen.

Ein anonymer Anrufer (Muttersöhnchen): *Es gibt nichts Schöneres als die Liebe zwischen Mutter und Sohn. Manche Weiber wollen diese Verbundenheit zerstören. Meine Mutter hat mir von diesen Nutten erzählt und mich gewarnt.* Es folgte eine bis ins kleinste Detail genaue und für mich abscheuliche Beschreibung der Methoden, die ihm seine Mutter beigebracht hatte, um solche Schlampen zu quälen und zu bestrafen, die Mutter und Sohn lächerlich machen und nur das Ziel haben, den Bub von seiner geliebten Mutter zu trennen: *Wir haben jedesmal eine große Seelenpein, wenn das wunderbare Verhältnis zwischen Mutter und Sohn in den Schmutz gezogen wird. Mutti weiß immer, was ich brauche. Kein Mensch ist so gut wie meine Mutter!*

Früher hat es mir sehr imponiert, wenn ein Mann zuvorkommend und liebevoll mit seiner Mutter umgegangen ist. Ein Partner, der abfällig über seine Mutter geredet hat oder keinen guten Kontakt zu seiner Mutter hatte, wäre für mich nie und nimmer in Frage gekommen. Inzwischen habe ich gelernt, das Verhalten des Sohnes gegenüber der Mutter nicht unbedingt als verbindlich im Umgang mit Frauen allgemein zu interpretieren. Beobachte ich heute manchmal Mutter und Sohn auf der Straße oder im Lokal, wie sie zu liebevoll miteinander umgehen, sträuben sich mir zeitweise die Nackenhaare.

Ist der neue Freund zuvorkommend im Umgang mit seiner Mutter? Dann gilt es zu differenzieren! Benimmt er sich so, weil seine Mutter schon etwas gebrechlich ist, oder ist er ihr hündisch unterworfen? Mit etwas Fingerspitzengefühl und Aufmerksamkeit kann jede jungverliebte Frau herausfinden, in welcher Art Mutter-Sohn-Beziehung ihr Liebster lebt. Beim freundschaftlichen Umgang ist nichts zu befürchten. Mutter und Sohn akzeptieren sich als Erwachsene und gehen mit Anstand und Respekt miteinander um. Man hilft sich gegenseitig, ohne den anderen mit überzogenen Forderungen zu traktieren. Wird dem Sohn dagegen Dankbarkeit und sklavische Unterwerfung abverlangt, sollte man sich gegenüber der zukünftigen Schwiegermutter zurückhalten. Auch gilt es, sich klarzumachen, daß der junge Mann eine schwierige Trennung von der bisherigen Sohnrolle und einen langen, teilweise schmerzhaften Weg der Selbstfindung vor sich hat.

Was ist möglich – was nicht: Die Selbsthilfegruppe

An dieser Stelle möchte ich die Arbeit in der Gruppe vorstellen. Was können wir leisten? Wo sind unsere Grenzen? Wie kann ich mir eine Selbsthilfegruppe für Schwiegertöchter vorstellen? Diese Fragen, die immer wieder gestellt werden, will ich gern beantworten, über gute und schlechte Erfahrungen berichten und Anregungen geben.

Als sich aus ganz Deutschland die Frauen um Hilfe an mich gewandt haben, war ich anfangs etwas ratlos. Wie konnte ich zum Beispiel einer Frau aus Hamburg oder Dresden helfen? Gewiß, es war für die Betroffenen schon mal eine große Erleichterung, über ihr Problem zu sprechen und zu wissen, daß sie nicht allein sind. Dennoch, es waren zu viele und die Problematik war zu umfassend, um am Telefon gelöst zu werden. So fing ich an, die Frauen zu animieren, in ihrem Wohngebiet selber eine Gruppe zu gründen. Viele Stellen, die Ratsuchenden bei einer Gründung behilflich sind, hatte ich ja schon ermittelt, und so gab ich meine Informationen weiter. Auch erste Erfahrungen haben wir ausgetauscht. So entstanden bis heute fünfundzwanzig Selbsthilfegruppen oder Kontaktstellen. Die einzelnen Gruppen sind autonom, und es liegt einzig und allein im Ermessen der Teilnehmerinnen, ob feste Gruppentreffen stattfinden oder die Treffen locker und nach Bedarf vereinbart werden.

Anfangs dachte ich bei der Gruppe in Augsburg auch an regelmäßige Treffen mit festem Programm. In der Praxis hat es sich dann aber gezeigt, daß eine zu straffe Organisation nicht möglich ist. Zum einen sind viele Frauen dabei, deren Männer zwar zu ihnen stehen, aber nicht damit einverstanden sind, daß ihre Ehefrauen Familieninterna mit anderen besprechen. So können diese schon mal nicht so regelmäßig aus dem Haus. Auch für Frauen mit Kindern war und ist es schwer, sich zu festen Zeiten freimachen zu können. Zum anderen gibt es immer wieder Betroffene, die Angst haben, in der Gruppe erkannt zu werden oder daß sonstwie herauskommt, daß sie in eine solche Gruppe gehen. Schwiegertöchtern, die andauernd überwacht werden, ist es ebenfalls nicht möglich, zu regelmäßigen Treffen zu kommen. Mit ihnen trifft man sich nur schnell mal, wenn sie eine Möglichkeit haben, sich für eine halbe Stunde ein Alibi zu beschaffen.

Es macht sich leider sehr oft das Tabu »Schwiegermutter« bemerkbar. Für viele Betroffene ist es anfangs schwierig, mit dem Gefühl »Jetzt mache ich die Schwiegermutter schlecht« umzugehen. Natürlich herrscht auch die Angst, die Schwiegermutter könnte erfahren, daß ihre Schwiegertochter Hilfe sucht. Manche Schwiegermütter versuchen partout herauszufinden, ob ihre Schwiegertochter zu uns kommt. In Augsburg mußten wir deshalb schon zweimal den Treffpunkt wechseln. Angewiesen sind wir außerdem darauf, daß wir die Räume für unsere Treffen kostenlos oder billig zur Verfügung gestellt bekommen. Schon oft hat man mir den Satz gesagt: »Dann verlangen Sie halt von den Frauen einen Obolus zur Raummiete und für die Unkosten.« Im Prinzip ist das schon richtig, und wir tun das auch. Nur, es gibt auch in unserer heutigen Zeit, trotz Taschengeldparagraph, sehr viele Ehefrauen, die keinen Pfennig Geld für eigene Bedürfnisse zur Verfügung haben. Sie müssen über jede Mark mit dem Herrn Gemahl abrechnen. Auch hier gibt es ein Gesetz, eben den schon erwähnten Taschengeldparagraphen, aber wer setzt schon den Ehefrieden wegen des Taschengeldes aufs Spiel? Es gibt bei uns in der Bundesrepublik zwar Gesetze, die aber vielen nichts nutzen, da es in den beschriebenen Strukturen schier unmöglich ist, diese für sich persönlich durchzusetzen!

Ein zweites Problem, mit dem wir zu kämpfen haben, ist die Sensationsgier mancher Medien. So hat sich in Augsburg einmal eine Journalistin als Betroffene gemeldet. Im Auftrag einer Zeitschrift sollte sie sich bei uns einschleichen. Geplant war, das Vertrauen der Gruppenteilnehmerinnen zu gewinnen. Anschließend sollten die Geschichten der Betroffenen in eben dieser Zeitschrift veröffentlicht werden. Die ihr aufgetragenen unlauteren Absichten und ihre eigene Beteiligung hat diese Journalistin auch gegenüber einem Redakteur der »Augsburger Allgemeinen« zugegeben. Undenkbar, was passiert wäre, wenn ihr dieses Unterfangen geglückt wäre! Dieser Vorfall hat uns dazu veranlaßt, noch größere Sicherheitsvorkehrungen zu treffen. So werden die Kontaktstellen nicht bekanntgegeben. Das bedeutet zwar einen erheblichen Mehraufwand, aber wir wollen den Frauen helfen und ihnen nicht schaden. Wenn eine Schwiegertochter in eine Gruppe aufgenommen werden möchte, kann sie sich über uns vermitteln lassen. Die Leiterin oder Ansprechpartnerin einer Kontaktgruppe setzt sich dann mit der Frau in Verbindung. Die Namen und Adressen der Kontaktpersonen gebe ich an niemanden weiter. So ist das größtmögliche Maß an Sicherheit und Anonymität gewährleistet. In den Gruppen selbst ist es jeder Frau freigestellt, welchen Namen sie benutzen möchte. In diesem Zusammenhang muß ich fairerweise feststellen, daß die meisten Journalist(inn)en, mit denen wir bisher zu tun hatten, sehr korrekt waren und sich auch an gegebene Zusagen gehalten haben. Tatsächlich sind durch die seriöse und sachliche Berichterstattung viele der Betroffenen auf die Selbsthilfeinitiative aufmerksam geworden und haben so den Mut gefunden, ihr Leiden endlich zu bekämpfen.

Die Zusammenarbeit mit den Gruppen setzt immer voraus, daß bei mir die Finanzen zum Telefonieren oder Schreiben da sind. Da ich alles selber finanziere, bin ich oftmals in meinen Aktivitäten etwas eingeschränkt. Für die nächste Zukunft hoffe ich aber, mehr mit den Gruppen und Kontaktstellen in Verbindung bleiben zu können. Dies ist meiner Ansicht nach auch sehr wichtig, zumal die Frauen, die sich als Ansprechpartnerinnen zur Verfügung stellen, bis auf wenige Ausnahmen allesamt Laien sind. Auch sind sie als Betroffene zusätzlich belastet. Nachdem wir jetzt aber schon Erfahrungen gesammelt haben, bin ich zuversichtlich, daß wir gemeinsam diesen Punkt lösen können. Es ist für eine selbst betroffene Leiterin nicht eben einfach, mit den Geschichten und dem Leid der Teilnehmerinnen umzugehen. Darum ist es mir für die Zukunft sehr wichtig, daß wir Wege finden, uns gegenseitig zu stützen und moralischen Beistand zu geben. Der Austausch von Erfahrungen kann zusätzlich wichtige Aspekte für die gemeinsamen Treffen bieten. Sicher ist, daß ich um jede Frau froh und glücklich bin, die sich als Kontaktperson zur Verfügung stellt. Nur möchte ich noch mal darauf hinweisen, daß es auch Belastungen und manchmal sogar Ärger mit sich bringen kann. Wer sich dennoch in der Lage sieht, sich uns anzuschließen, ist nicht nur sehr willkommen, sondern erhält von mir auch jeden mir möglichen Beistand. Also, Interessentinnen können sich telefonisch oder schriftlich bei mir melden (Adresse im Anhang am Ende des Buches).

Die Gruppen und Kontaktstellen verstehe ich als eine Art »Erste-Hilfe-Station«. Dort kann sich jede Frau zuerst einmal aussprechen und Anteilnahme, Verständnis und Trost bekommen. Wichtig ist es für die Teilnehmerinnen, nicht mehr als die Unglaubwürdige dazustehen. Auch das Gefühl – »mir glaubt sowieso keiner« – vergeht innerhalb kürzester Zeit. Für viele ist die Befreiung vom jahrelangen Schweigen und die Gewißheit, nicht allein zu sein, schon Basis für einen Neuanfang. Was sie nur insgeheim zu denken gewagt, aber eigentlich schon längst als Weg gesehen haben – nur eben nicht wahrhaben wollten –, wird – erst einmal ausgesprochen und bestätigt – auf einmal ganz normal. Diese Frauen finden ihr Selbstvertrauen meist sehr schnell wieder und können, durch Rollenspiele gewappnet, den Angriffen der Schwiegermutter Paroli bieten. Manche Frauen lernen in kurzer Zeit und mit dem Beistand der Gruppe, ihr Selbstwertgefühl wieder so aufzubauen, daß es für sie möglich wird, sich aus ihrer Passivität zu lösen.

Bei anderen ist der Abbau des Selbstvertrauens und der Selbstachtung schon soweit fortgeschritten, daß sie zwar in der Gruppe Erleichterung verspüren, aber zur Bewältigung und Aufarbeitung ihres Problems fachmännische Hilfe brauchen. Hier versuchen wir, durch Beratung und Information Hilfestellung für die Suche nach der richtigen Stelle zu geben. Es gibt ein so breit gefächertes Angebot an Therapien und Beratungsstellen, daß jede Frau etwas finden kann, das für sie geeignet ist. Es ist immer wieder erstaunlich, wie wenig die Betroffenen tatsächlich über Hilfsangebote und Möglichkeiten wissen. In der Gruppe begleiten wir die Frauen während einer Therapie, und wir versuchen den Teilnehmerinnen den Rücken zu stärken. Eine Therapie ist über weite Strecken anstrengend, und der Erfolg zeigt sich nicht innerhalb von zwei Wochen, wie es manche erwarten. Dieser Denkfehler wird auch immer wieder in bezug auf die Gruppe gemacht. Die Frauen meinen dann, einmal hingegangen und die Sache ist in Ordnung. Ähnlich wie bei einer Schmerztablette – schlucken, und weg ist der Schmerz. Niemand kann sofort heilen. Ein Weg aus dieser Krise ist immer ein Weg der kleinen und kleinsten Schritte.

Wir können der Frau Beistand leisten, was immer sie sich auch entschließt zu tun. Weitergehend sind wir auch in der Lage, auf Wunsch den Ehemann mit einzubeziehen. Dies findet meist jedoch nicht im Rahmen der Gruppensitzungen statt. Vielmehr sind hier Paargespräche geeignet, um zu vermitteln oder gemeinsame Wege aufzuzeigen.

Erwähnt habe ich die Rollenspiele, die für den weiteren Umgang mit der Schwiegermutter oder auch dem Ehemann von großer Bedeutung sind. Jede Frau kann sich dabei auf Situationen, in denen sie normalerweise überfordert ist, vorbereiten. Dadurch bekommt sie insgesamt mehr Selbstvertrauen und läßt sich nicht mehr so leicht in die andauernden Querelen einbeziehen. Wir können gemeinsam lernen, anders auf den Partner zuzugehen. Dies ist sehr wichtig, um eigene Bedürfnisse zwar durchzusetzen, den Partner aber nicht gleichzeitig unter Druck zu setzen.

Es ist vollkommen unerheblich, ob dieses gegenseitige Mutmachen in festen Gruppensitzungen oder bei lockeren Treffen vor sich geht. Erfahrungen austauschen und Beistand geben kann man auch bei einem gemütlichen Beisammensein im Café oder Gasthaus. Da ich denke, daß auf die Schwiegertöchter schon in der Familie genug Druck ausgeübt wird, handhabe ich das in Augsburg recht flexibel: ganz nach dem Bedarf und den Wünschen der Teilnehmerinnen. Dies wird natürlich nicht überall so möglich sein, aber ich habe es mir für mich zum Grundsatz gemacht. Auf die Frauen kommt es an, sie sollen entscheiden, wie sie sich ein Miteinander vorstellen.

Mein Angebot, telefonisch mit mir in Kontakt zu treten, kommt zusätzlich noch dazu. Viele Schwiegertöchter können nicht aus dem Haus, ohne Rechenschaft abzulegen. Für solche Frauen, auch für dringende Problemstellungen, zum Aussprechen oder Informieren, steht mein Telefonservice zur Verfügung. Hier kann jede Frau anonym bleiben und einfach mal ihr Herz ausschütten. Anregungen und Erfahrungsaustausch sind jederzeit erwünscht, und jeder Anruf ist mir willkommen.

Wie ich oben schon angesprochen habe, ist eine Sofortheilung nicht möglich. Wir sind auch nicht in der Lage – auch das wurde schon mal gefragt –, die Schwiegermutter zu »entsorgen«. Außerdem können wir nur so weit helfen und Beistand leisten, wie die Teilnehmerin es will und auch zuläßt. Wer nicht bereit ist, an sich zu arbeiten und sich in seinem Verhalten zu ändern, für den können wir nicht viel tun. Natürlich akzeptieren wir, wenn eine Frau sagt, ich müßte etwas tun, aber ich kann nicht. Einige Frauen mit genau dieser Einstellung betreuen wir schon längere Zeit. Durch die Zusammenkünfte läßt sich immer wieder Frust abbauen und die nächste Zeit überbrükken, aber maßgeblich erleichtern wird sich die Leidenssituation nicht. Wir können nicht in die Familien gehen und die Schwiegertochter dort beschützen und begleiten. Durch unsere Solidarität und den Beistand aber können wir sie stärken und ihr Sicherheit geben.

Eine Fülle von Erfahrungswerten macht es möglich, Anregungen zu geben und Vorschläge zu machen. Hier liegt es an jeder Schwiegertochter selbst, auszuloten, was sie in der Lage ist zu tun. Vorschriften können und wollen wir keine machen. Wir werden auch nie kontrollieren, ob sich die Schwiegertochter an ein vorgeschlagenes Vorgehen hält. Begleiten, stärken und akzeptieren – ja, dazu sind wir bereit. Belehren, unter Handlungsdruck setzen und ein bestimmtes Verhalten erzwingen – nein.

Im Mittelpunkt: Das jüngere Ehepaar

Der Sohn und Ehemann kann sich nicht aus seiner Verantwortung stehlen

Genau wie wir Ehefrauen sind auch unsere Männer auf bestimmte Werte und Verhaltensweisen getrimmt. Vieles entwickeln wir als Kinder dadurch, daß wir das lernen, was man gemeinhin als »mit den Wölfen heulen« bezeichnet. Die Mädchen werden dabei zu braven Frauchen und die Jungen zu Verantwortungsträgern gemacht. Die sogenannten »moralischen Werte« werden bestimmend für unser Verhalten. Man hat gelernt, gehorsam, sittsam, fleißig, demütig, aufopferungsvoll und verantwortlich zu sein. Es gibt gegen diese Tugenden auch nichts einzuwenden, solange niemand, der nach ihnen lebt, durch sie zu Schaden kommt.

Was ich damit sagen will, ist folgendes: Nehmen wir z. B. die Verantwortung. Zuerst tragen wir für uns selbst die Verantwortung. Übernehmen wir nun aber die Verantwortung für eine andere Person, kann dies zu Komplikationen führen. Ist es Verantwortung für ein Kind, trägt man diese selbstverständlich und nach bestem Wissen und Gewissen. Handelt es sich um Erwachsene, wird es schon schwieriger. Zwischen Eheleuten sollte die gegenseitige Verantwortung von einem Miteinander geprägt sein. Wie sieht es aber mit der Verantwortung gegenüber den Eltern aus? Als Kind ist man keinesfalls in der Lage, Verantwortung für Erwachsene zu übernehmen. Oftmals wird jedoch gerade dies anerzogen oder abverlangt: »Mir geht es nicht gut, mach du das. Mami muß sich immer so aufregen und kann nicht schlafen, wenn du so unartig bist. Sei ein braver Junge und besorge mir das. Ich habe heute extra für dich gekocht.« Mit solchen Aussagen wird dem Kind eine Verantwortung übertragen, die es eigentlich gar nicht zu tragen in der Lage ist. Von klein auf wird man dadurch überfordert, und die Verantwortung wächst mit dem Alter ins schier Unermeßliche. Derjenige aber, der die Eigenverantwortung an sein Kind abgibt, reduziert sich immer mehr. So entsteht ein wahrer Teufelskreis, der sich für jeden Beteiligten als äußerst ungesund erweist. Ist die Verantwortung dagegen frei und nicht erzwungen, sieht es wieder anders aus. Man kümmert sich zwar um den anderen und steht ihm zur Seite, daraus folgt aber nicht, daß sich der andere dabei zurücknimmt und alle Eigenverantwortung abgibt.

Es gibt also einmal die normale Verantwortung, Anteil zu nehmen und Beistand zu gewähren, ohne daß jemand eingeschränkt wird. Zum zweiten finden wir jedoch diese erzwungene, verheerend wirkende Variante, bei der einer alle Verantwortung übernehmen und tragen muß, der andere sich selbst reduziert, beinahe entmündigt. Es gibt nur einen schmalen Grat zwischen normaler und unnormaler Verantwortung. Diesen aber gilt es zu finden und darauf zu balancieren. Das gleiche gilt für Begriffe wie Demut, Dankbarkeit, Hilfsbereitschaft, Ehre und Fürsorge. Durch Fehlinterpretationen wird hier nur allzu oft der Grat überschritten, was unwillkürlich zum Absturz und damit zu Schäden führt. Um seine eigene Sichtweise und Interpretation der Wertewelt festzustellen, empfehle ich die Transaktionsanalyse. Durch sie kann jeder feststellen, wie und woraus sich evtl. Schwächen und Überreaktionen entwickelt haben. Noch einmal der Buchtip dazu: »Nimm dich wie du bist« und »Werde der du werden kannst.«

Prof. Dr. K. schreibt treffend in einem Brief an mich:
Meine Mutter konnte bei mir praktisch bis vor drei Jahren immer aufgrund der von ihr geforderten »Dankbarkeit« alles erreichen!! Im letzten Moment bin ich von dem fahrenden Zug

gesprungen; meine Frau und ich wären aufgrund des Terrors körperlich (und seelisch) »draufgegangen«. Ich merkte dann aber glücklicherweise, daß meine Mutter – außer meiner Dummheit – nichts gegen uns »in der Hand« hatte. Ich will und muß es wirklich Dummheit nennen, denn die Trennung fiel mir (uns) nach dieser Erkenntnis nicht schwer, ganz im Gegenteil.

Unsere moralischen Werte will ich nicht in Frage stellen. Was ich inzwischen ablehne und als äußerst schädlich erachte, ist der Mißbrauch dieser Moral. Falsch interpretiert und angewandt, hinterläßt sie schwere Störungen, die uns ein normales und freies Leben unmöglich machen und jede Entwicklung zu einer eigenständigen Persönlichkeit hemmen.

Robert: *Bitte helfen Sie mir und meiner Frau! Wir werden mit meiner Mutter nicht mehr fertig. Ständig soll ich nur für sie dasein. Sie wohnt in unserem Haus und führt sich auf, als würde ihr das Ganze gehören. Alles soll nach ihrer Pfeife tanzen. Schon oft habe ich versucht, mit ihr darüber zu sprechen. – Daß wir unser eigenes Leben haben, daß wir nicht bereit sind, für ihre Unterhaltung zu sorgen, daß sie sich nicht einzig und alleine an uns orientieren soll – all das habe ich wieder und wieder mit ihr besprochen. Es ist gerade so, als würde ich gegen eine Wand reden. Das Verhalten meiner Mutter bringt mich wirklich auf die Palme. Andererseits bekomme ich ein schlechtes Gewissen, daß ich mich vielleicht doch mehr um sie kümmern sollte. Meiner Frau gegenüber weiß ich oft nicht, wie ich es richtigmachen soll. Gebe ich meiner Mutter nach, gefällt das meiner Frau nicht, gebe ich meiner Frau nach, bekomme ich von meiner Mutter Druck.*

Über vierhundert Kilometer Fahrt haben Robert und Melanie in Kauf genommen, um mit mir zusammen einen Lösungsweg für ihr Problem zu finden. Die Lösung, die beide vertreten können, sieht folgendermaßen aus: Melanie hat sich von ihrer Schwiegermutter ganz zurückgezogen. Für das Zusammenleben im Haus haben sie feste Regeln aufgestellt. Ähnlich wie bei normalen Wohngemeinschaften wurde geregelt, wann z. B. die Waschküche benutzt werden kann, wer für den Garten zuständig ist. Damit sind schon viele Reibungspunkte aus der Welt geschafft. Was nun den direkten Umgang mit der Mutter betraf, mußte sich Robert darüber klarwerden, was er verantworten kann. War es richtig, die Mutter in eine Abhängigkeit zu bringen, indem er ihr die Freizeit gestaltete und ihr durch ständige Fürsorge die Eigenverantwortung nahm? Robert hatte selbst schon eine starke Ablehnung entwickelt, wenn seine Mutter versuchte, ihn zu bevormunden und für ihre Zwecke einzuspannen. Inzwischen hat er gelernt, sehr genau zu differenzieren, wann die Mutter wirklich Hilfe braucht und zu welchem Zeitpunkt sie nur ihren Willen durchsetzen will. Er ist hellhörig geworden, wenn Anfragen oder Bitten kommen, und läßt sich nicht mehr so leicht mit seiner Gutmütigkeit übertölpeln. Gemeinsam achten die beiden darauf, daß seine Mutter keinen Einfluß mehr auf ihr Zusammenleben nehmen kann. Sie haben ganz genau ihre Grenzen abgesteckt, und sie sind miteinander bereit, diese Grenzen zu verteidigen.

Tobias: *Meine Mutter hat meine Freundin von Anfang an abgelehnt. Mit den Mängeln und Fehlern meiner Freundin hat sie mich regelrecht bombardiert. Vor einer Woche nun hat sie mir geschrieben: »Wenn du diese Frau heiratest, habe ich keinen Sohn mehr!« Dabei hatte ich gehofft, daß sich meine Mutter mit der Zeit an Petra gewöhnen würde.*

Er wollte es nicht, hatte gehofft, sich durchmogeln zu können. Jetzt aber läßt ihm seine Mutter keine Wahl mehr. Tobias muß sich entscheiden. Natürlich möchte er weder die Freundin noch die Mutter verlieren. Ein Versuch, heimlich mit der Freundin zusammenzuleben, wäre beiden Frauen gegenüber äußerst unfair und würde auch nicht lange gutgehen. Seine Mutter im Stich zu lassen hielt er für moralisch nicht vertretbar. Gerade hier hat er aber einen entscheidenden Denkfehler gemacht. Seine Mutter ist eine erwachsene Frau, die Anspruch darauf hat, daß sie für voll genommen wird. Sie hat ihren Willen geäußert und sollte ernstgenommen werden. Tobias läßt seine Mutter nicht im Stich, er akzeptiert ihren Willen. Und dieser Wille ist: sie oder ich. Nachdem seine Mutter solch schwerwiegende Worte ausgesprochen hat, wird sie auch die Konsequenz daraus tragen müssen. Tobias ließ sich von der Mutter nicht erpressen. Er ist bei Petra geblieben und hat keinen Kontakt mehr zu seiner Mutter. Anfangs hatte er mit seinem schlechten Gewissen zu kämpfen, kam aber zu der Überzeugung: Meine Mutter hat mir gedroht, jetzt muß sie die Konsequenz aus ihrer eigenen Drohung tragen. Es tut mir zwar leid, aber sie hat mir keine andere Wahl gelassen.

In der Genfer Konvention sind die Rechte der Kinder eindeutig festgelegt. Darin heißt es unter anderem: ›Jedes Kind hat ein Recht auf Nahrung, Kleidung und Erziehung.‹ Sollen wir in ewige Dankbarkeit verfallen, nur weil unsere Eltern geltendes Recht eingehalten haben? Woraus läßt sich die Forderung nach Demut und grenzenloser Fürsorge ableiten? Unbestritten bleibt die Tatsache, daß es viel Mühe und Aufwand erfordert, ein Kind aufzuziehen. Diese Leistung will ich auch nicht schmälern. Eines ist aber sicher: Jeder ist in der Lage, durch geeignete Verhütungsmaßnahmen selbst zu bestimmen, ob und wann ein Kind gezeugt werden soll. Die Entscheidung aber, ein Kind auf die Welt zu bringen, kann niemand dem Kind anlasten. Kommt nun der Spruch: »Schließlich habe ich dich ja großgezogen«, gibt es darauf nur eine Antwort: »Mutter, du hast dich für ein Kind entschieden, weil du es wolltest. Ich als dein Kind bin nicht bereit, dafür die Verantwortung zu übernehmen!«

Wenn die Mutter ewige Dankbarkeit von ihrem Kind erwartet hat, ist das ihr Problem. Das gleiche gilt, wenn sie mit der Schwiegertochter nicht einverstanden ist. Es ist ihr Problem. Ihre Meinung über uns zu ignorieren oder zu versuchen, sie von unseren Ansichten überzeugen zu wollen, würde einer Entmündigung gleichkommen. Wir haben kein Recht, der Mutter die Eigenverantwortung und Selbstbestimmung zu nehmen. Für mich war es ein langer und schwerer Weg, zu akzeptieren, daß die Schwiegermutter nicht mit mir zufrieden ist. Zu erkennen, daß es ihr mit ihrer Ablehnung ernst ist, und aufzuhören, ihr meinen Willen, nämlich daß sie mich anerkennt, aufzuzwingen. Ich verurteile zwar den Weg, wie Schwiegermutter ihre Meinung über mich kundgetan hat, aber ich akzeptiere durchaus ihre ablehnende Haltung. Deshalb achte ich ihren Willen und habe die notwendige Konsequenz daraus gezogen, daß ich ihr meine Gesellschaft nie mehr zumuten werde.

Sachlichkeit statt Gefühlschaos

Im letzten Kapitel möchte ich Erfahrungen und Lösungsmöglichkeiten aus der Praxis weitergeben. Bis auf die mit einem Muttersöhnchen, das ja nur ein externes Organ seiner Mutter darstellt, haben alle anderen Ehen durchaus gute Aussichten auf Bestand, vorausgesetzt, das junge Paar hält zusammen und löst den Konflikt gemeinsam.

Den schon erwähnten Spruch »Die Männer halten nicht zu ihren Frauen« oder »Die Söhne sind schuld, da sie sich nicht richtig von ihrer Mutter gelöst haben« kann ich nicht gelten lassen. Ausnahme Muttersöhne! Jede von uns, ich schließe mich hier nicht aus, durchlebt eine Phase, in der sie davon überzeugt ist, ihr Mann hält nicht richtig zu ihr.

Betrachten wir die Situation, wird klar, wie es dazu kommt. Irgendwann einmal sind wir an einem Punkt angelangt, an dem aus angestautem Zorn beinahe Haß geworden ist. Vom Ehemann erwarten wir, daß er wie ein Racheengel zu seiner Mutter rast und sie bestraft. Er sollte uns oder das, was uns passiert, bitter rächen. Wir malen uns die schlimmsten Dinge aus, mit der er seine Mutter strafen sollte. Wir fordern geradezu, daß er sie verletzt und so demütigt, wie wir uns fühlen.

Natürlich wird der Ehemann unserem Ansinnen nicht nachkommen. Ganz aus dem Häuschen geraten wir deshalb auch jedes Mal, wenn wir ihn fragen: »... und, was hast du gemacht?« und er jedesmal antwortet: »Ich habe ihr gesagt, daß das, was sie macht, so nicht geht und daß wir unser eigenes Leben führen.« In dieser Zeit sind die Ehen einer harten Belastung ausgesetzt und viele sind nahe daran zu zerbrechen. Wenn nun zu diesem Zeitpunkt jemand sagt: »Dein Mann hält nicht zu dir, er ist zu schwach, sich gegen seine Mutter durchzusetzen«, ist die Gefahr sehr groß, daß wir die Ehe aufgeben.

Beginnen wir jetzt in Ruhe, unsere Lage zu analysieren. Wie können wir denn erwarten, daß unser Mann die gleichen Gefühle wie wir entwickelt hat? Lieben wir nicht diesen Mann und wollen wir nicht verhindern, daß unsere Ehe zerstört wird? Die Aussage des Mannes: »Ich kenne halt meine Mutter und bin daran gewöhnt, wie sie ist«, sollten wir durchaus ernst nehmen. Das bedeutet nämlich noch lange nicht, wie es gerne unterstellt wird, daß er das Verhalten seiner Mutter gut findet. Im Gegenteil, oft hat er schon lange aufgehört, die Kapriolen seiner Mutter hinzunehmen. Mit anzusehen, wie die eigene Mutter versucht, in seine Familie einzudringen, um Macht auszuüben, wie sie seine Frau unterdrückt, wie sie alle gegeneinander ausspielt, ist sehr schmerzlich für den Sohn. Durch seine Heirat hat er den Anlaß für die Übergriffe seiner Mutter geliefert. Schmerzlich muß er erkennen, wie sehr ihn seine Mutter, für ihre Bedürfnisse passend, dressiert hat. Nun erst fällt der Vorhang, und Mutter fordert Dankbarkeit und sklavische Untergebenheit ein. Von jetzt an weiß der Sohn auch genau, welche Rolle er zugedacht bekam. Er erkennt, daß er nur als »Mach-Tu-Spring-Sohn« gezüchtet worden ist.

Tanja: *Mein Mann hatte bereits unseren Umzug, weg aus der Nähe seiner Mutter, eingeleitet. Trotzdem ließ mich der Gedanke nicht mehr los, er würde nicht genug zu mir halten. Hatte ich nicht von ihm erwartet, ja geradezu gefordert, mir Genugtuung zu verschaffen? Er sollte seiner Mutter ordentlich den Kopf waschen. Es erschien mir lächerlich und feige, daß er nur immer sagte: »Was soll ich denn noch tun, auf mein ganzes Reden hört sie doch nicht!« Meine Enttäuschung war so groß, daß ich die Ehe beenden wollte. Bei jeder Gelegenheit habe ich meinem Mann Vorhaltungen über sein Versagen gemacht. Ständig bearbeitete ich ihn, indem ich ihm das Verhalten seiner Mutter immer und immer wieder vorwarf. Wir waren auf dem besten Weg, uns gegenseitig zu zermürben. Das ging so lange, bis ich in eine der Selbsthilfegruppen kam. Hier lernte ich, meinen Mann nicht zu überfordern. Durch den Umzug hatte er sich eindeutig zu mir bekannt. Langsam begriff ich, daß er seinen und nicht meinen Weg gegangen war, daß aber beide Wege zusammenführten. Langsam ist es mir dann auch gelungen, ihm nicht mehr ständig zu erzählen, wie dreckig es mir seine Mutter gemacht hat. Inzwischen sind wir uns näher als je zuvor. Es stört mich nicht mehr, daß mein Mann Kontakt zu seiner Mutter hält. Im Gegenzug hat er akzeptiert, daß ich nichts mehr mit ihr zu tun haben will. Seit wir eine klare und sachliche Regelung gefunden haben, ist unsere Liebe neu und größer als je zuvor gewachsen.*

Christine: *Mein Mann war bei seiner Mutter der Sohn fürs Grobe. Deshalb hat er sich bemüht, auch mal ihre Anerkennung zu bekommen. Das hat sie schamlos ausgenützt. Es war für mich schlimm, wenn ich mit ansehen mußte, wie abfällig sie mit ihm umging. Es gab bei uns mal eine Phase, in der ich es am liebsten gesehen hätte, wenn er seine Mutter durch den Fleischwolf gedreht hätte. O ja, ich wollte Rache! Sie sollte genauso leiden wie ich! Natürlich hat mein Mann seine Mutter nicht, wie von mir erwartet, an die Wand geklatscht. Er hat versucht, mit ihr zu reden. Als alle Gespräche keinen Erfolg brachten, hat er sich von seiner Mutter zurückgezogen. Zuerst haben wir viel gestritten, weil ich mich im Stich gelassen fühlte. Doch sah ich immer wieder, wie mein Mann selber litt. Mehr und mehr wurde es ihm deutlich, wie sehr ihn seine Mutter ausgenutzt hat. Langsam dämmerte ihm, daß er viele Jahre vergebens gehofft hatte, die Anerkennung seiner Mutter zu erhalten. Alle Anstrengungen und Mühen, das ganze Wohlverhalten, waren umsonst. Für seine Mutter blieb er der Lakai. Diesen schweren Weg der Erkenntnis habe ich hautnah miterlebt. Auf einmal wußte ich, daß die Probleme meines Mannes mindestens genauso gewichtig waren wie meine eigenen. Schnell habe ich damit aufgehört, ihn für das Verhalten seiner Mutter verantwortlich zu machen. Gemeinsam sind wir dabei, die Vergangenheit zu bewältigen.*

Mit Martina hatte ich schon einmal telefoniert. Sie rief mich an, um sich auszusprechen. Fünfzehn Jahre lang war sie verleumdet worden. Kein gutes Haar hatte ihre Schwiegermutter an ihr gelassen. Inzwischen hatte sie den Kontakt zu ihr auf das Notwendigste reduziert. Nur ihr Sohn besuchte die Oma regelmäßig, da Martina ihm die Oma nicht vorenthalten wollte. Jetzt war sie wieder am Telefon, total aufgelöst und verzweifelt.

Martina: *Es ist etwas Furchtbares passiert. Gestern war mein Sohn bei seiner Oma. Als er zurückkam, mußte ich erfahren, daß die Oma ihn peinlich genau über uns ausgefragt hat: »Dein Papa ist so mager geworden, kriegt er auch genug zu essen oder vergönnt ihm das deine Mutter wieder nicht?« Mein Sohn war verwirrt durch diese Art der Fragestellung. Jetzt reicht es mir aber, dachte ich bei mir. Heute bin ich gleich am Morgen zur Schwiegermutter gegangen, um mit ihr darüber zu sprechen: »Wenn du Fragen zu unserem Leben hast, richte sie doch bitte an mich oder deinen Sohn. Laß doch bitte das Kind aus dem Spiel.« Weiter kam ich nicht. Wie eine Furie ist meine Schwiegermutter auf mich los und hat mich unter wüsten Beschimpfungen aus der Wohnung geworfen. Nun ist alles aus. Jedesmal, wenn es um seine Mutter geht, habe ich seit fünfzehn Jahren sowieso nur Streit mit meinem Mann. Ich habe Angst, ihm die Sache zu gestehen, wenn er heute abend von der Arbeit heimkommt. Bitte hilf mir!*

Daraufhin habe ich Martina gefragt, wie sie bisher mit ihrem Mann über seine Mutter gesprochen hat. Es erstaunte mich nicht, als sie mir sagte, sie habe ihm immer wieder gesagt, wie schlecht und gemein sich seine Mutter benimmt. Er hat dann sofort abgeblockt und ist sauer geworden. »Weder eine Patentlösung noch eine Beratung, was du tun sollst, kann ich dir bieten«, habe ich Martina erklärt. »Ich kann dir allerdings sagen, was ich aufgrund meiner Erfahrungen tun würde. Nimm es als Denkanstoß! Vielleicht hilft es dir, eine Lösung zu finden.«

Daß die ganzen Jahre über kein Meinungsaustausch stattgefunden hat, ist für mich ein Zeichen, daß bisher falsch kommunziert wurde. Richtig miteinander reden, heißt die Devise. Dabei ist es wichtig, daß keine Vorwürfe erhoben werden. Sachlich miteinander reden. Für mich als Frau bedeutet das, daß ich meinen Mann nicht mit meinen Gefühlen überrumpeln darf. Wenn ich nur schimpfe und lamentiere, fühlt sich der Partner in die Ecke gedrängt. Im Endeffekt versuche ich das gleiche, was ich der Schwiegermutter vorwerfe, nämlich den anderen durch das Einreden eines schlechten Gewissens unter Druck zu setzen. Ruhig und sachlich sollte ich nur die Fakten vortragen. Was ist passiert und welche Konsequenz habe ich daraus gezogen? Nun hat der Partner die Möglichkeit, selbst zu entscheiden, wie er sich weiterhin verhalten will. In die Praxis umgesetzt, würde es an Martinas Stelle für mich bedeuten:

1. Eine freundliche Atmosphäre für das abendliche Gespräch schaffen (gemütlich essen usw.).
2. Eine sachliche Schilderung der Vorkommnisse des Tages:
   - Schwiegermutter hat Enkel ausgehorcht.
   - Martina wurde das zuviel und sie stellte die Schwiegermutter zur Rede.
   - Die Schwiegermutter hat getobt und Martina aus der Wohnung geschmissen.

Ohne jetzt, wie sonst üblich über ihre Schwiegermutter zu lamentieren und ins Gefühlschaos auszubrechen, sollte Martina nun die für sie aus diesem neuerlichen Vorfall resultierenden Konsequenzen vortragen. Nur die Fakten, was sie will, was sie nicht will, kein Warum und Wieso.

- Ich möchte nicht mehr mit der Schwiegermutter in Kontakt treten, will auch nicht, daß sie zu uns in die Wohnung kommt, wenn ich zu Hause bin.
- Ich akzeptiere es, wenn du dich um deine Mutter kümmerst. Ich habe auch Verständnis, daß du eine Sohn-Mutter-Bindung hast.
- Ich werde es tolerieren, wenn unser Sohn die Oma weiterhin besucht.
- Ich möchte nicht mehr in den Umgang mit deiner Mutter hineingezogen werden.

Genau so hätte ich mich verhalten, und so habe ich es auch bei Martina angeregt. Vielleicht könnte sie Erfolg haben, wenn sie ihr Verhalten und das »auf den Ehemann zugehen« ändern würde. Bereits am nächsten Morgen rief eine ganz andere, gelöste Martina bei mir an.

Martina: *Stell dir vor, es hat geklappt. Zum ersten Mal seit fünfzehn Jahren haben mein Mann und ich in aller Ruhe über seine Mutter gesprochen. Nachdem ich gestern den ganzen Nachmittag nachgedacht hatte, entschloß ich mich am Abend, deine Anregung auszuprobieren. Nach dem Essen habe ich eine gute Flasche Wein aufgemacht. Auf dem Tisch brannte eine Kerze. Zitternd habe ich meinem Mann die Vorkommnisse des Tages berichtet. Es hat mich anfangs große Überwindung gekostet, nicht wieder in den alten Trott zu verfallen und meinen Mann mit meiner Gefühlslage zu überschütten. Er hat sich meinen Bericht in Ruhe angehört. Wie du es angeregt hast, habe ich ihm im Anschluß auch gesagt, daß für mich jetzt der Punkt erreicht ist, an dem ich mit seiner Mutter absolut keinen Kontakt mehr haben will. Jedes Warum und Wieso habe ich weggelassen. Zuerst war mein Mann ganz still, aber dann hat er angefangen zu reden. Ebenso ruhig und sachlich, wie ich es war. Daß er mich versteht, daß ihm das Verhalten seiner Mutter schon lange nicht gefällt, daß er zu mir hält und meine Entscheidung akzeptiert. All das hat er mir gesagt und noch viel mehr. So nahe waren wir uns schon lange nicht mehr. Viele Mißverständnisse konnten wir ausräumen, und es wurde ein kuscheliger Abend. Die Schwiegermutter kann uns keinen Grund mehr geben, uns gegenseitig zu zermürben. Und weißt du was? Ich komme mir vor wie frisch verliebt, und das, obwohl ich meine Ehe schon fast aufgegeben hatte.*

Wir sehen, wie wichtig es ist, seine Gefühle zu ordnen und sie auf keinen Fall dem Partner aufzuzwingen. Nur mit den Fakten läßt sich das Problem lösen. Hat das Paar erst einmal gelernt, sich gegenseitig zu respektieren und zu akzeptieren, was der andere für sich entscheidet, ist die größte Arbeit schon getan. In der Praxis stellt sich die Lösung meistens so dar: Die Schwiegertochter zieht sich ganz von ihrer Schwiegermutter zurück. Der Sohn entscheidet selbst, wann, wie und wie oft er Kontakt zu seiner Mutter haben will. Gemeinsam erarbeiten sich die beiden ihre Vergangenheit, lernen den Partner noch besser kennen und verstehen. Die bisherigen Erfahrungen gehen dahin, daß der Sohn, wenn er erst einmal angefangen hat, aktiv seinen Stand seiner Mutter gegenüber zu durchleuchten, sich immer mehr zurückzieht und nur noch spärlichen Kontakt zu seiner Mutter hält. Hier möchte ich mit dem Wort einer Schwiegermutter abschließen, die mir gesagt hat: »Wissen denn diese Frauen nicht, daß sie mit ihrer beherrschenden Art ihren Sohn im Endeffekt ganz verlieren werden?«

Es gibt für niemanden eine Patentlösung. Auch ich sehe mich außerstande, eine solche zu liefern. Jeder einzelne, aber auch das jüngere Paar gemeinsam, muß seinen Weg ausloten. Vergessen sollten wir dabei nie, daß ein Weg aus der Krise immer ein Weg gegen das eigene eingefahrene Verhalten ist. Gegen die alten Zöpfe aus moralischer Verpflichtung und bravem Benehmen kann jeder nur bei sich selbst angehen. Wem es gelingt, sich aus diesem Wust an völlig überzogenen Werten mühsam herauszugraben, dem wird es auch gelingen, dem Konflikt und somit auch dieser Extremmutter Paroli zu bieten. An sich selbst zu akzeptieren, daß man nicht mehr für das Wohlergehen eines anderen Erwachsenen verantwortlich und zuständig ist, fällt uns dabei ungeheuer schwer.

Für die meisten wird als letzte Konsequenz nur eine dauerhafte Trennung von der fehlgeleiteten Mutter Hilfe bringen. Manche werden auch »nur« zu einem halbherzigen Kompromiß, der weiteres, wenn auch manchmal abgeschwächtes Leid, nach sich zieht, fähig sein. Andere wiederum werden über die eigenen uns eingetrichterten moralischen Bänder stolpern. Dennoch, der Versuch, sich zu befreien und ein eigenständiges und selbstbestimmtes Leben zu führen, lohnt die Mühen. Jeder, der einmal die Erfahrung gemacht hat, daß Kritik keinen Weltuntergang bedeutet, wird sehen, wie frei ein Leben sein kann, in dem man nicht ständig die eigenen Bedürfnisse untergräbt.

Am Ende der Anfang

Was ich in dem Buch geschildert habe, passiert tatsächlich jeden Tag. Es sind, darauf möchte ich nochmals hinweisen, Extremfälle. In der Regel ist das Miteinander zwischen den Generationen von Freundschaft geprägt. Eltern, die aus ihren Kindern selbständige Erwachsene gemacht haben, die partnerschaftlich und freundschaftlich mit ihnen umgehen, werden sich nie sorgen müssen, daß ihre Kinder nicht für sie da sind. Wer von uns sorgt sich nicht bereitwillig um einen lieben Menschen und steht ihm bei? Wird allerdings ständig Dankbarkeit gefordert und werden wir mit Pflichten und Aufgaben überhäuft, steigt Unmut auf. Gleich ob Sohn, Tochter, Schwiegertochter, Schwiegersohn oder Enkel, irgendwann kommt der Punkt, an dem wir die Ketten aus Fürsorgepflicht, aufgezwungener Moral und Dankbarkeit sprengen und ausbrechen.

Erziehung und Betreuung eines Kindes stellen eine schwierige und oftmals aufwendige Aufgabe dar. Jeder wird sich darüber im klaren sein, daß dabei Fehler gemacht werden können und auch gemacht werden. Die zahlreichen guten Beispiele aber, bei denen das Miteinander und die Freundschaft zwischen den Generationen funktionieren, lassen die Gewißheit zu, daß es möglich und machbar ist. Ohne den Versuch, die Kinder zu vereinnahmen und zu versklaven, wird sich in jedem Fall eine dauerhafte Freundschaft zwischen Eltern und Kindern entwickeln. Für die Mehrzahl der Schwiegermütter, die es geschafft haben, aus ihren Kindern Freunde zu machen, war es ein schwerer Weg der Trennung, als diese erwachsen wurden und eigene Wege gingen. Viele dieser Schwiegermütter haben mir von dieser für sie kritischen Zeit berichtet. Dennoch konnten und wollten sie loslassen und akzeptieren, daß sie ihren Kindern Begleitung ins Leben waren und weiterhin Begleitung durchs Leben sind.

Es ist uns nicht damit geholfen, die »böse Schwiegermutter« zu verurteilen. Wir sollten uns eines deutlich machen: Das Verhalten der Schwiegermutter wurde genauso durch ihren Werdegang geprägt wie unseres. Viele der älteren Frauen sind nicht glücklich mit dem Verlauf ihres Lebens. Die meisten dieser Frauen sind verhaltensauffällig, wenn nicht sogar verhaltensgestört. Wir aber sind nicht dazu da – und vor allem nicht dazu in der Lage –, sie zu therapieren. Nehmt ihnen auch nicht die Eigenverantwortung und Selbstbestimmung! Akzeptiert es: Sie müssen uns nicht lieben! Und akzeptiert auch: Ihr müßt sie nicht lieben. Das ist völlig in Ordnung.

Noch ein Wort an alle ebenfalls betroffenen Schwiegertöchter! Verlaßt eure Isolation und helft euch oder laßt euch helfen. Raus aus dem Dramadreieck und raus aus der Leidensbereitschaft. Zusammen können wir Aufmerksamkeit wecken, aber auch gezielte Hilfe möglich machen. Nur wenn wir uns melden, werden wir gehört. Je mehr wir sind, die nicht mehr bereit sind, ihre Leiden hinzunehmen, desto mehr muß man sich mit uns befassen, desto qualifizierter und professioneller wird die Hilfe, und die Chancen für die uns nachfolgenden Generationen, nicht mehr unsere Fehler zu machen, vergrößern sich. Unsere Erfahrungen können wir verwerten, indem wir daraus lernen, mit unseren Kindern anders umzugehen, uns nicht an sie zu klammern und sie nicht einzuschüchtern. Wir können die eingefahrenen Gleise verlassen und die Weichen stellen für ein freundschaftliches Miteinander der Generationen.

Abschließen möchte ich mit einem Gedicht von Khalil Gibran, einem arabischen Dichter*:

* Aus: Khalil Gibran, *Der Prophet,* © 1973 Walter-Verlag, Freiburg

Von den Kindern

Und eine Frau, die einen Säugling an der Brust hielt, sagte: Sprich uns von den Kindern.
Und er sagte:

Eure Kinder sind nicht eure Kinder.
Sie sind die Söhne und Töchter der Sehnsucht des Lebens nach sich selber.
Sie kommen durch euch, aber nicht von euch,
Und obwohl sie mit euch sind, gehören sie euch doch nicht.
Ihr dürft ihnen eure Liebe geben, aber nicht eure Gedanken,
Denn sie haben ihre eigenen Gedanken.
Ihr dürft ihren Körpern ein Haus geben, aber nicht ihren Seelen,
Denn ihre Seelen wohnen im Haus von morgen, das ihr nicht besuchen könnt, nicht einmal in euren Träumen.
Ihr dürft euch bemühen, wie sie zu sein, aber versucht nicht, sie euch ähnlich zu machen.
Denn das Leben läuft nicht rückwärts, noch verweilt es im Gestern.
Ihr seid die Bogen, von denen eure Kinder als lebende Pfeile ausgeschickt werden.
Der Schütze sieht das Ziel auf dem Pfad der Unendlichkeit, und Er spannt euch mit Seiner Macht, damit seine Pfeile schnell und weit fliegen.
Laßt euren Bogen von der Hand des Schützen auf Freude gerichtet sein:
Denn so wie Er den Pfeil liebt, der fliegt, so liebt Er auch den Bogen, der fest ist.

Anhang

An wen kann ich mich wenden?

Hier eine Liste möglicher Hilfestellen für alle, die in der Schwiegermutterproblematik die Hilfe von Außenstehenden brauchen:

- *Selbsthilfeiniative für Schwiegertöchter*
  Ruth Gall
  Postfach 10 16 42
  86006 Augsburg
  Telefon 08 21 / 66 25 64

  In dringenden Fällen auch abends und am Wochenende, evtl. ist der Anrufbeantworter eingeschaltet, da ich nicht immer präsent sein kann. Bitte bei Zuschriften nicht vergessen, einen als normalen Brief frankierten Rückumschlag beizulegen.

- Als eine erste Anlaufstelle möchte ich die *ökumenische Telefonseelsorge* nennen. Hier kann jeder, in dringenden Notfällen auch nachts, unabhängig von konfessioneller Bindung anrufen. Bei der Telefonseelsorge liegen auch viele Adressen (für die jeweilige Region) weiterer Hilfestellen vor, also bei Bedarf nachfragen.

Wer führt Beratungen durch?

- *Diakonisches Werk (Diakonie) – (Ev. Beratungsstellen)*
  Lebens- und Eheberatungen
  Die Diakonie bzw. deren Mitarbeiter kann ich aus eigener Erfahrung als sehr aufgeschlossen bezeichnen. Außerdem

sind die Berater sehr gut ausgebildet. Nach der Konfessionszugehörigkeit wird nicht gefragt.

- *Diözese – (Kath. Beratungsstellen)*
  Ehe- und Familienberatung
  Meine erste Familientherapie war bei der Diözese. Die Beraterin war zwar vorsichtig, was den Mutterkonflikt anbetraf, aber nicht ablehnend. Manchmal bzw. mancherorts sind die Beratungsstellen allerdings pro Schwiegermutter eingestellt. Man sollte nachfragen und ausprobieren, ob man abgestempelt oder mit seinem Schwiegermutterproblem angenommen wird.
- *Pro Familia*
- *Beratungsstellen (teils staatlich oder e.V.) für Erziehungs-, Ehe- oder Familienfragen*

Weitere Stellen, bei denen man Hilfe erhalten kann:

- *Die Frauenbeauftragte* in der Gleichstellungsstelle, zu erfragen über die jeweilige Stadtverwaltung.
- *Frauenbeauftragte der Polizei* (nur Bayern), in anderen Bundesländern gibt es im Polizeipräsidium oftmals eine Beamtin für Frauenfragen.
  Hier kann man sich sachkundigen Rat und Auskunft holen, wenn man Straftaten ausgesetzt ist. Ist eine Straftat schon geschehen und will man sich vorab über Möglichkeiten und Konsequenzen einer Strafanzeige erkundigen, ist es allerdings ratsam, anonym anzurufen: Im Falle der Kenntnis einer Straftat hat die Beamtin Anzeigepflicht.
- *Der Frauenbund*
- *Psychotherapeut/innen*
- *Rechtsanwälte/innen*
- *Kurse* über Trennung, Selbstfindung, Selbstverteidigung (verbal), Focusing, autogenes Training, um nur einige zu nennen.

Bücher, die mir sehr geholfen haben:

- Rüdiger Rogoll: *Nimm dich wie du bist;* Herder Verlag, Freiburg ^{7}1996
- Werner Rautenberg, Rüdiger Rogoll: *Werde der du werden kannst;* Herder Verlag, Freiburg ^{6}1996
- Ute Ehrhardt: *Gute Mädchen kommen in den Himmel, böse überallhin;* Krüger Verlag, Frankfurt 1994